だれにでもつくれる

最強のクローゼット

7

steps
to make
the best
closet

クローゼットオーガナイザー
林 智子

ワニブックス

「なりたい」自分のための洋服選びをしていれば、素敵な未来へ近づける

「どんな服を選んでいいかわからない」
「何が似合うのかわからない」

というお客様のお悩み。
そんなときは、「どんな人になりたいですか?」と質問をさせていただきます。

年相応な着こなし。

ハンサムだけど、その中に女性らしさがある。

自分らしさのある人。

シンプルなのにどこか素敵な人。

そんな「理想の私」をつくってくれる服だけの
クローゼットになっていれば……
自然とあなたは輝いてきます。
いつもより少し自分に自信が持てたり、
いつもよりいい笑顔になれたりと。
毎日の「着る」を大切にすることで、ある日振り返ったら
昔の自分が思い描いた理想に近づいているはずです。

クローゼットはあなたを映し出す鏡。
そのクローゼットが変われば、人生も変わります。
さあ、一緒に人生が輝くクローゼットを
つくっていきましょう。

自分が満たされれば
もっと誰かのために
頑張れる

あなたの心のコップの水は溢れていますか？
空っぽですか？

女性は日々忙しい。

仕事を頑張らなくちゃ
家事を頑張らなくちゃ
子育てを頑張らなくちゃ
優しいママでいなくちゃ
きれいなママでいなくちゃ

それなのにいつも子どもにガミガミ、スッピンで髪を振り乱して……
理想とはほど遠い。
みんなきれいにしているのに、みんなきちんとしているのに。

誰かと比べ、そんな風に自分を責めてはいないでしょうか。
毎日、家族のためにと、
もうすでに十分頑張っているはずですよ。

でもね、自分のことはどれくらい大事にできていますか？
誰かのために、何かのために頑張りたいなら、
まずは自分のコップを水で満たしてあげましょう。
自分のコップの水がいっぱいになって、そこから水が溢れて
初めて誰かのために頑張れたり、優しくできるもの。

自分のことは後回しにしがち。
だからこそ意識してまずは自分のことを
大切にしてあげてくださいね。
私は「自分の笑顔を大切にする」と決めたことから
人生が変わってきました。

自分の本当の心の声にも耳をかたむけてみましょう。
あなたはどうしたら自分を笑顔にできますか？

クローゼットが整うことで生まれた余裕

私は昔から洋服が好きで、買い物にいけば、見るのは洋服ばかりでした。
「これ好き！」と、どんどん買い、
クローゼットからは洋服が溢れていきました。
何を持っているか把握できておらず
また次のシーズンには「なんとなく」買ってしまう。
溢れるほどの服を持っていながら、「まだ欲しい」と思ってしまう。

クローゼットを「好きでよく使う」服だけにしたい！　と思い、
整理を進めていくと、数は1／5に減っているのに、
厳選された服だけのクローゼットは、

私にとって輝く宝箱のような存在になりました。
そして一度自分のためのワードローブが揃うと、
「去年買ったベージュのニット、今年も好き！」というように、
買い物欲もなくなっていきました。

クローゼットが満足した空間になると、
今度はもう少し、ヘアスタイルやメイクも上手になりたいと
トータルでのおしゃれまで目がいくようになったり、
食器やインテリアも「もっと自分の〝好き〟に近づけたい！」と、
家のほかの場所を素敵にしよう、と思うようになっていったのです。
きれいは次のきれいへと連鎖していきます。

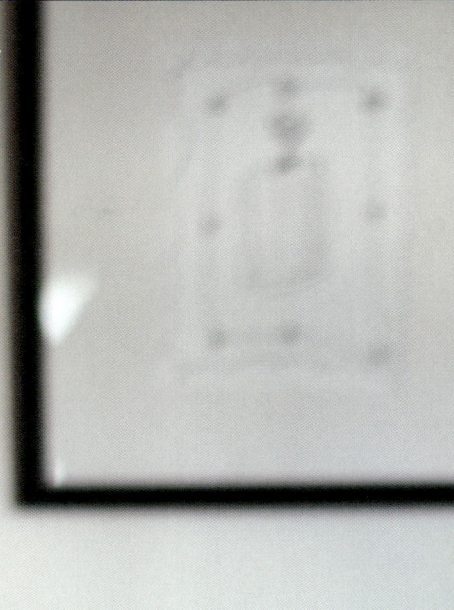

Contents

5. 色合わせのレシピを持つ——77

6. シンプル服＋小物でＴＰＯに対応！——95

7. 「仕上げ」をマスターする——109

Column

Daily Coordinate

1.

クローゼットを「好きな服」だけにリセットするところから、おしゃれは始まる

「服をたくさん持っている＝おしゃれな人」とは限りません。着ない服がぎっしりあるとしたら、本当に好きで必要な服がうもれ活かしきれないからです。必要なのは、あなたを素敵に見せてくれる適量の服だけ！　どれを取ってもＯＫなクローゼットに、まずはリセットしましょう。

クローゼットにかかっている服、
何％を使っていますか？

「アルバム服」ではない、未来へと向かうクローゼット

就職、結婚、出産育児などなど――女性のライフステージは移り変わります。当然、その時々に応じて必要な服は変わってくるはず。けれど、案外クローゼットの中身はあるときから変わっていない人が多いのです。それは、今の生活に必要のない、昔の服で多くのスペースが占められているということになります。

なぜ着ない服がそのままかけられているかというと、「とても気に入っていた」「昔よく使っていた」という思い出が強いから。大人になると、進学、進級のようなわかりやすい節目《ふしめ》がありません。でも、大人になっても成長は続いているのです。独身時代の服が子育て期に似合わない、さらにママとして仕事復帰したときに似合う服が違うのも当然のこと。「もう似合わない」＝「成長の証」。その代わり、昔はできなかった大人の装いが似合うようになっているのです。

いくら大切でももう着ない過去の服は、写真アルバムと同じ存在。クローゼットではほかの服のジャマをしないように、別の場所に保管しましょう。そしてそこまでの必要を感じないものは、手放しましょう。

クローゼットに必要なのは「どういう自分でありたいか」「どうなっていきたいか」という「今」と「未来」の軸で構成された服たちです。不要なものがなくなると、頭の中のざわつきまで消えてスッキリとします。クローゼットの「一歩先の私」のための服が、あなたを望む未来へ導いてくれます。

100%のクローゼットにする!

使っているものだけのクローゼットにする3ステップ

1. 服を全部出す

クローゼットから「いらない服」だけを抜き出そうとすると本当の要・不要が判別できません。必ず一度全部の服を出しましょう。出したら「シャツ」「パンツ」など種類別にくくり、何がどれだけあるのかを把握します。

すべての衣類を出すのが難しいという方は、「引き出しひとつ」「寝る前の15分だけで」など、少しずつでも取り組んでみてください。

2. 着ている服だけを戻す

整理というと「捨てるもの」に目がいきがちですが、選ぶのは「必要なもの」が先。自分の「仕事」や「週末」など・・・どのTPOごとに、本当に必要で着ている服だけをクローゼットに戻します。

余計な服がなくなるだけで格段にコーディネートもしやすくなります。

Point

「こんなイメージになりたい！」を基準に選ぶ

自分の持つ服に「軸」を持つと、要・不要を決めやすくなります。たとえば「シンプルに着こなしたい」という軸であれば、水玉や花柄の服を手放そうと判断しやすい。これからの自分がどんなイメージの人でありたいのか、そこを考えてみましょう。

3. 戻さない服を仕分ける

不要→処分
迷う→一時置きへ

明らかに「何年も着ていないし、これからも着ない」とわかるものは処分です。状態がよければ売ることができますし、必要とする人に回すこともできます。押入れに閉じ込めておくより、服にとっても幸せな道ですね。

処分か残すか迷う服は、袋や箱に入れて封をしてください。1カ月なり半年なり、決めた期間内に一度も出さなかったのなら不要ということ。その期間は、無駄のないクローゼットの快適さを実感することもできます。

たとえばこんな服たち

☜もう着ないアルバム服

☜数年前のトレンドカラー

☜20代のOL服

服を手放すアドレス

[ブランディア]
ブランド品を宅配で査定、買取。
[ハグオール]
宅配BOX使用など利用法が多様。
[ZOZOTOWN]
送った服をすべて査定してもらえる。

着ないけど大切
↓
思い出として保管

「もう着ないけど、思い出があって処分できない」服は、実用であるクローゼットからは外して、アルバムのように保管しておきましょう。そのボックスはひとつと決め、収納スペースを圧迫しない量を厳選しましょう。

たとえばこんな服たち

☞ごくたまに使うけれど、なりたいイメージに合わない服

☞どうしても処分できないアルバム服

Point

着ていない服を部屋着に……はNG！

家の中で過ごす時間は長いもの。自分のテンションの上がる服を「なんでもない日」に着ることで日々の暮らしが楽しくなるはず！

稼働率100%になったクローゼット。ここに足すのは「必要なのに足りないもの」と、「もっと自分を素敵にするもの」

一度クローゼットがスカスカになると、「ここをまた不要な服でギュウギュウにしてはいけない」という気持ちが湧いてきます。それは大切なのですが、買い物が得意ではない人にとっては高すぎるハードルになることも。必要な服は買い足さなくては快適なクローゼットは完成しません。

たとえば、週に5日会社に行き、週に2日は子どもと出かけるライフスタイルの方なのに、持ち服がカジュアルな休日服ばかりというパターン。カジュアルが好きでつい増やしてしまうのですが、仕事に行くときは困ります。この場合、手持ちの服が「仕事着5：休日服2」の割合になっているかを意識して。足りない分は、買い足しを検討します。

着ていない「過去」服を取り除き、すべてが「今」のための服になったクローゼット。こうなると見えてくるのは、「未来」に自分がどうなりたいのかというビジョンです。

次の章からは、どうやってビジョンを持ち、「より素敵な未来を運んできてくれる服」を、どう探せばいいのかをご紹介します。

1

Reset a Closet

Column

私のクローゼットが稼働率10%だった頃

学生時代から服が大好きで、就職先もアパレル業界でした。その頃の私の服は、デザイナーズから古着、プチプラファッションまでなんでもあり。柄物、色物が大好きで、シンプル服を買う意味がわからないような若者でした。

ところが結婚して子どもができると、着るのは持ち服の10%に満たないTシャツとデニムばかり。残り90%の個性的な服は、クローゼット内でぎっしり場所を取っているだけです。その頃の服の数、およそ1000枚。何があるのか把握もできず、服を増やしては散らかす一方のカオスのクローゼットでした。

これはもう自分だけではどうにもできないと、プロに片づけを依頼。「使う」「好き」「着やすい」「シンプル」服だけのクローゼットにした結果、服の数は1／5の200枚に。「今」の私のための一軍の服だけのクローゼットは、今では私のパワースポットです。

After

Before

メタルラック2台にシンプルな引き出しケースを組み合わせてクローゼットとして使用しています。私は一覧で把握したいタイプなので、服のほとんどをハンギング。朝のコーディネートが楽にできます。

「なんとなく」ではおしゃれにならない

2.

どんなスタイルのおしゃれが理想なのか、どんなテイストが好きなのか。答えは自分の中にあるはずなのに、自分のことは意外とわからないもの。けれど、そこを明確にせずには「持つべき服」も決まりません。まずは「自分のスタイル」を考えることが大切です。

「なんとなく」が生み出す負のスパイラル

なんとなく服を買い、なんとなく着てはいませんか？　持ち服のほとんどが「なんとなく」では、何着買っても満足することはできません。

なんとなく服を買ってしまう原因は、「なりたいイメージ」を持っていないから。また、「全身のコーディネートのイメージ」がないからです。すると同じような服ばかりを買ってしまったり、服ばかりで小物は買わなかったりと、買っても買ってもおしゃれになれないスパイラルに陥ってしまいます。おしゃれは、服の量で解決するものではなく、自分がどんなおしゃれをしたいのかきちんと自覚するところから始まります。

そのために、好きなもの・憧れるものに触れて刺激を受けることはとても大切です。そこからイメージを具体的にしていきましょう。「こうなりたい」というゴールイメージがないと、自分の方向性が定まりません。また、誰にどんな印象で見られたいのか、どういうTPOで着る服なのか。ひとつずつ書き出して、まずは自分の意識を「見える化」してみましょう。

目指すのは、「5年後、すてきな45歳に」

服でお悩みの方に必ずお聞きするのが、「5年後どうなっていたいですか？」という質問。「シンプルで上質な服が似合う45歳になっていたい」のなら、5年後そうなれるクローゼットかどうか、見直していただきます。5年後に突然理想の状態になれるわけではないので、今から練習が必要なのです。

大事なのは目標を立て、逆算して必要なアイテムを少しずつ揃えたり、髪型やメイクを理想に近づけていくこと。

今は育児等が大変という方でも、少しずつであれば楽しめるはず。子どもに「将来何になりたい？」と聞くように、少し先の未来に理想とするイメージを持って歩みを進めましょう。大人が目標を持って努力する背中を、子どもはきっと見ていると思います。

目指すものがあると、意識が変わり、行動が変わり、人生が変わります。「大人のおしゃれ」は意識次第でグッと素敵になれる。「シンプルで美しくあるために、髪や肌を整えよう」など、目標ごとにできることはたくさんあります。

スクラッピングで、なりたいイメージを自覚する

「私はこうなりたい」を言葉で表現するのは難しいけれど、雑誌を開けば「このコーディネートいいな」「このヘアメイク素敵」と好きを発見しやすいものです。自分の理想を「見える化」しましょう。

雑誌などから好きなコーディネートを切り抜いてスクラップしてみると、「ボーダーが好き」「鮮やかな色の小物が好き」など自分が好むポイントが明確になり、「なんとなく」の買い物に流されません。スクラップを持ち歩いたり、携帯で写真を撮っておけば、どこにいても自分の理想のスタイルを再認識でき、買い物の指標にもなります。

雑誌に掲載されている服を買わなくても、手持ちの似た服や同じ色合いの服で好きなコーディネートを試すこともできます。ファッションは服だけでなく、小物や髪型など全体です。切り抜きから「ジーパン・Tシャツでオシャレなのは、赤い口紅だからだ」などと分析してみて、真似をしてみましょう。

おしゃれは料理に似ています。人のおいしそうなレシピも真似て何度かつくれば自分のものにできるのと同じです。

定番や流行品はなくてもいい。自分の「正解」でいいんです

好みも体型もライフスタイルも、１００人いれば１００通りあります。雑誌やネットにヒントは散りばめられていますが、そこに答えがあるわけではありません。

雑誌がうたう「定番白シャツ」は、ブラウスを中心にしたい方にとっては定番ではないだろうし、「この夏のトレンド」にまったく乗らなくてもいい。正解は「自分が心地よく感じるか」「自分のライフスタイルに必要か」どうか。

流行でもブランドでもなく、必要なのは自分の中にある正解。そこにはユニクロもヴィトンも入るかもしれません。まずは自分の「好き」や「理想」が何かを考えましょう。

Column

マイ・スタイルのイメージづくり

マイ・スタイルづくりの近道は、自分の軸となるキーワードを見つけること。たとえば「着心地のいい服を着たい」「少ない服で暮らしたい」。それが決まればそぐわないものは選ばなくなり、より欲するものにアンテナを張ることができます。迷いが減れば、買い物もラクになります。

キーワードを得るには、ファッション誌やライフスタイル誌、映画など、さまざまなところから「昔からフランス映画のジェーン・バーキンが好きだったな」などといった、イメージのヒントを探すこと。私の場合、パソコンの画像検索で「パリ マダム」などのワードを入れ、海外のスナップショットを見ることもたびたび。シンプルで素敵な着こなしのイメージは、そんなところから膨らんでいきます。

インプットがないと、アウトプットは難しいもの。自分の頭の中にあるものだけで正解を見つけようとするよりも、自分の好きなテイストはなんだろうと、いろんな分野からアプローチしてみてください。

参考までに……私の憧れはパリのマダムのようにシンプルで自分に似合う服を着こなし、立ち居振る舞いが美しく、笑顔が素敵な女性です。マイ・スタイルの軸ができれば「持つべき服」「大事にすべきこと」も見えてきます。

3. 最速で「本当に必要な服」をきちんと手に入れる方法

限りある時間とお金を遣って効率のよい買い物をするには、それなりの事前準備が必要です。お店で余計な服に惑わされず、必要なものだけを買えるように。また、その服を最速で見つけられるように。最低限の時間、お金、収納スペース、そして労力をもって、最上の服を選びたいですね。

失敗しない買い物術

お金・時間のムダなく「好き」「使う」服をGETしたい林の買い物プロセス9

1. 必要なもののイメージをつくる

店の数も商品も膨大で、服選びは年々大変になっていると感じます。「自分に必要な服は何か」「その服はどこにあるか」。これらの重要なことを把握せずウインドウショッピングしても、疲れるだけで必要な服が手に入りません。

そのため事前に行う第一歩が、「どんな服が欲しいのか」というイメージを膨らませること。私はシーズンはじめやセール前に雑誌やスタイリング本を見て、「今期はこんなコーディネートをしたい」とイメージ。どんな服をクローゼットに入れたら、今シーズンを楽しく過ごせるのか？さまざまなスタイリングを見て理想を絞り込んでおきます。「服がない！」とすぐ買い物に行っても解決しません。

まず、イメージを明確にすることから始めてください。

3
Succeed in Shopping

2.
朝、服を選ぶときに「これがあったらいいな」と思った服をリストアップ

コーディネートでお悩みの方のクローゼットを見てみると、素敵な服があるのに、それに組み合わせる服がないために活かせない、というパターンに数多く出会います。

「透け感のあるブラウスの下に着るインナーがない」「合わせるカットソーがなくてジャケットが着られない」「きれい目パンツがあれば、きちんとした会にも着ていけるのに」などなど……。

そんな不足服はおおむね、ベーシックでシンプルなもの。「このデザイン、可愛い！」とお店で飛び付かれることがない服でもあります。けれど地味で主張がないからこそ、どの服とも合う便利服でもあるのです。コーディネートしやすいクローゼットにするには、そういった縁の下の力持ち服が必須です。

3. 合わせる服を決めておく

「いろんなコーディネートを楽しみたいから、服がたくさん必要」というのは間違いです。服が多いほど組み合わせるのに能力が必要で、コーデ数は逆に減りがち。むしろ、少ない服でもひとつのアイテムで3パターンのコーディネートができれば十分！　組み合わせと小物を変えれば、TPOや気分に合わせてファッションを楽しむことができます。

パンツを買うとしたら、いつも着ているトップス3枚に合わせることを想像しましょう。その際、同じテイストの3枚より、「カジュアル」「きちんと」などTPO別に着回せるとベターです。

「なんとなく便利そう」と買うのではなく、実際に着ている服と合わせること。これが、普段によく使える服を買う大きなポイントです。

4. どんなタイプのアイテムにする？画像検索で色とデザインを決定

「ベージュのパンツ」と一口に言っても、しっかりした布感のものから、テロンとしたものまで素材はさまざま。色合いも多種多様です。事前のイメージで絞り込みが足りていないと、せっかく買ったのに使いにくくてあまり手がのびない……なんて可能性も。

そこで有効なのが、事前にインターネットの画像検索を使って、欲しい服の条件を絞り込んでおくこと。「色味は薄めで赤みより黄みが強く、スッキリしたラインのベージュパンツ」まで絞ってあれば、お店で狙い通りの服にたどり着くのが早く、買ったあとの失敗も少なくなります。

また、ベーシックな服ほど細かく的を絞ることで、お店で華やかな服の誘惑に負けずに買えるメリットもあります。

5. だんぜん時短に！ 買い物の前にアイテム検索

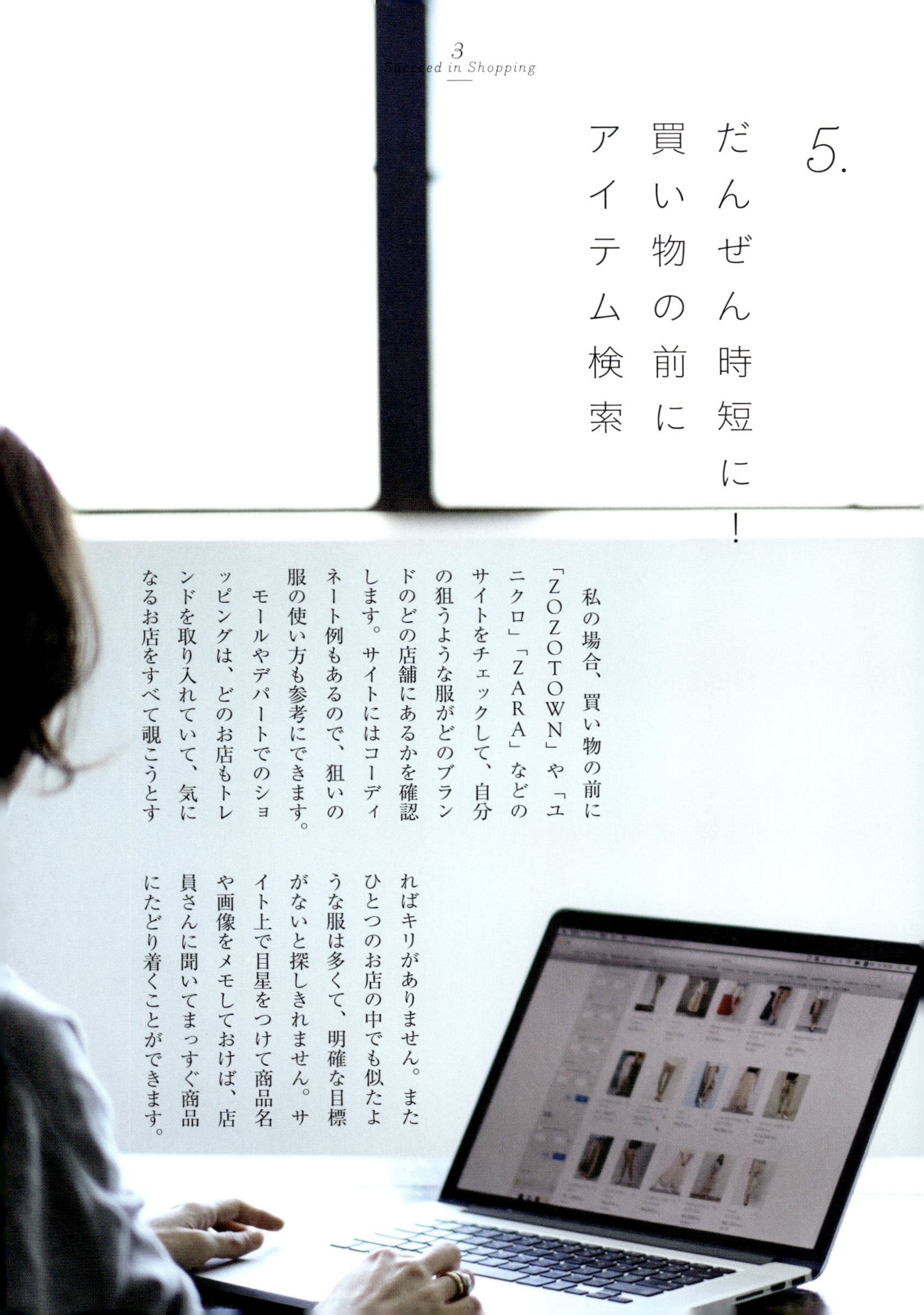

私の場合、買い物の前に「ZOZOTOWN」や「ユニクロ」「ZARA」などのサイトをチェックして、自分の狙うような服がどのブランドのどの店舗にあるかを確認します。サイトにはコーディネート例もあるので、狙いの服の使い方も参考にできます。モールやデパートでのショッピングは、どのお店もトレンドを取り入れていて、気になるお店をすべて覗こうとすればキリがありません。またひとつのお店の中でも似たような服は多くて、明確な目標がないと探しきれません。サイト上で目星をつけて商品名や画像をメモしておけば、店員さんに聞いてまっすぐ商品にたどり着くことができます。

6. 買い物には、合わせる予定の服を着て行く

パンツを買いに行くのに、ワンピースを着て行ってはいけません。欲しいパンツに合わせる予定のトップスを着て行き、試着室でコーディネートがイメージ通りかを確認します。「家にあるあの服と……」と想像するのは限界があります。

特にベージュなどの中間色は、実際に合わせてみないと色の相性がわかりにくいものです。

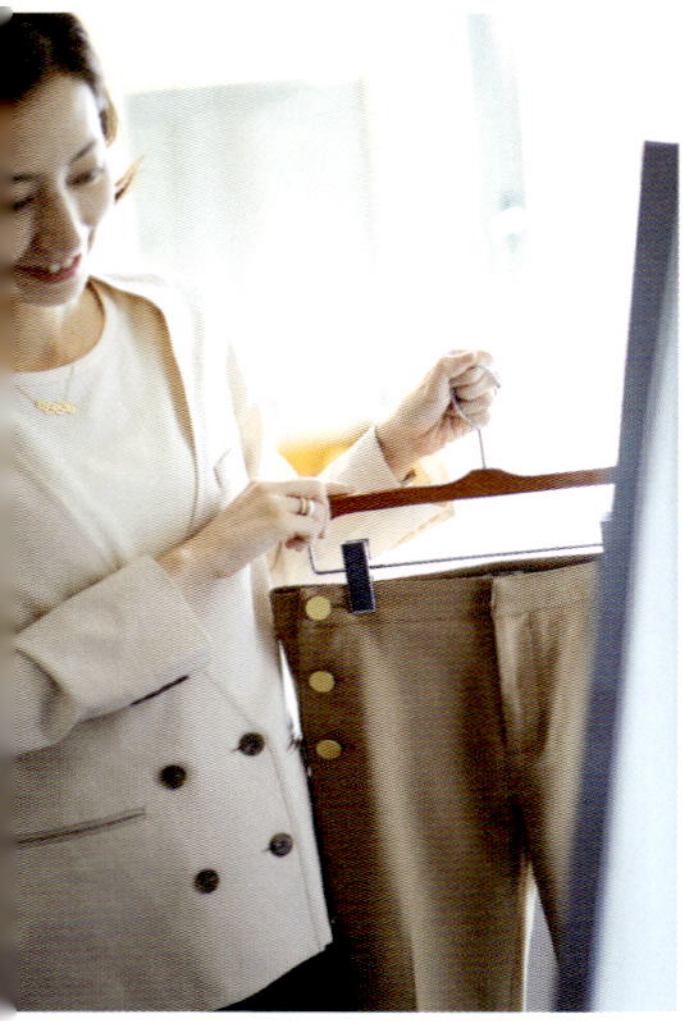

7. お店巡りは「好きなブランド」「プチプラ店」の順

上質なものに触れると見る目が養われます。いいお店のウインドウは、参考になる色合わせや小物使いの宝庫。でも購入となると値段が高い分リスクも。だから予算オーバーであればリアリティのある価格帯の店へ。ブランド店でいいなと思った商品をイメージして選びます。いいアンテナを持つことが、いいものを安く買うコツです。

ついにベスト
アイテムを発見！

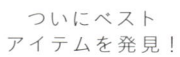

8.
家に帰ったら、速攻！「OKコーディネート」を3パターンつくる

忙しい朝に、新しく導入した服を持ち服とあれこれ組み合わせる時間はありません。せっかくの新しい服を迷わず手に取れるように、買い物から帰って気持ちがルンルンしているうちに3パターンほどコーディネートしておきましょう。

できれば、小物まで含めて考えておけるとベスト。あわただしい朝では思いつくことができないような、素敵な組み合わせが見つかるかもしれません。

9. 買ったらその服ばかり着ていいんです

服を買ったら、服に対するうれしい気持ちはそのときがピーク。同じ服ばかりになることを気にして出番を減らす必要はありません。素敵だと思えない服も混ぜて毎日違う格好をするより、素敵で似合う服ばかり着ているほうがおしゃれな印象を与えます。

また、気に入った服は、「ここぞ」のときまで大事に取っておこうと考えたりしませんか？　普段使いにしたら、汚したりくたびれたりさせてしまうかもしれない……。

そうやってお気に入りを取っておいても、1年後にその服を同じように好きかどうか、今と同じように自分に似合うかどうか、そのときのトレンドと合っているかどうかはわかりません。自分もトレンドも移り変わるもの。賞味期限切れにならないうちに、たくさん着て、服を味わいつくしてほしいと思うのです。

服は消耗品と考える

上質な一生物の服を丁寧に着続けたい——そんな理想も、もちろんあります。けれど実際は、どんなにいい服でも気に入って着るほどにくたびれてくるもの。そしてデザインがなんとなく古くなってしまうものです。

頑張って高い服を買い、もったいなくてたまにしか着られないというのも、かえってもったいないこと。それよりは、手頃でプレッシャーなく着られるものを、鮮度が高いうちにたくさん着ておしゃれを楽しみたい。

さらに私は服が好きなので、シーズンごとに少しずつでも服を更新したい派。デニムのような定番なものほど、「旬なデザイン」で着たいという思いが強いです。

ある程度値段の張る服でも2〜3シーズンもすれば古くさく見えてしまうことも。それなら、等身大の価格の服を似合ううちに、好きなうちにたくさん着る。

ママとしてや仕事のライフステージの変化も考慮して、2、3年のスパンで服を更新していくのが理想的です。

予算を組んで、「無駄遣い？」の罪悪感を持たない

家庭の主婦はついつい、「自分のファッションにお金をかけるなんて無駄遣い？」と考えてしまいがちです。でも、妻、母である自分がきれいで機嫌よくいられれば、家族もうれしいはず。そのための「必要予算」は取りましょう。そして予算内であれば、罪悪感を抱くことなく、自分のために投資してあげてください。

予算を決めずにちょこちょこ買っていると、いくらプチプラでも大きな金額になっていることも。予算を半年・1年分と大きく取っておくことで、かえって効率よく節約できる方も多いかと思います。

無駄遣いしがちな人は抑えめ予算、おしゃれをこれからはじめる人は「自分の外見・幸せに1カ月いくらなら使えるのか」を考えて、「春夏」「秋冬」の2シーズン各6カ月分をかけて予算編成してみましょう。「月5千円なら」という人の場合は、1シーズンで3万円の予算になります。

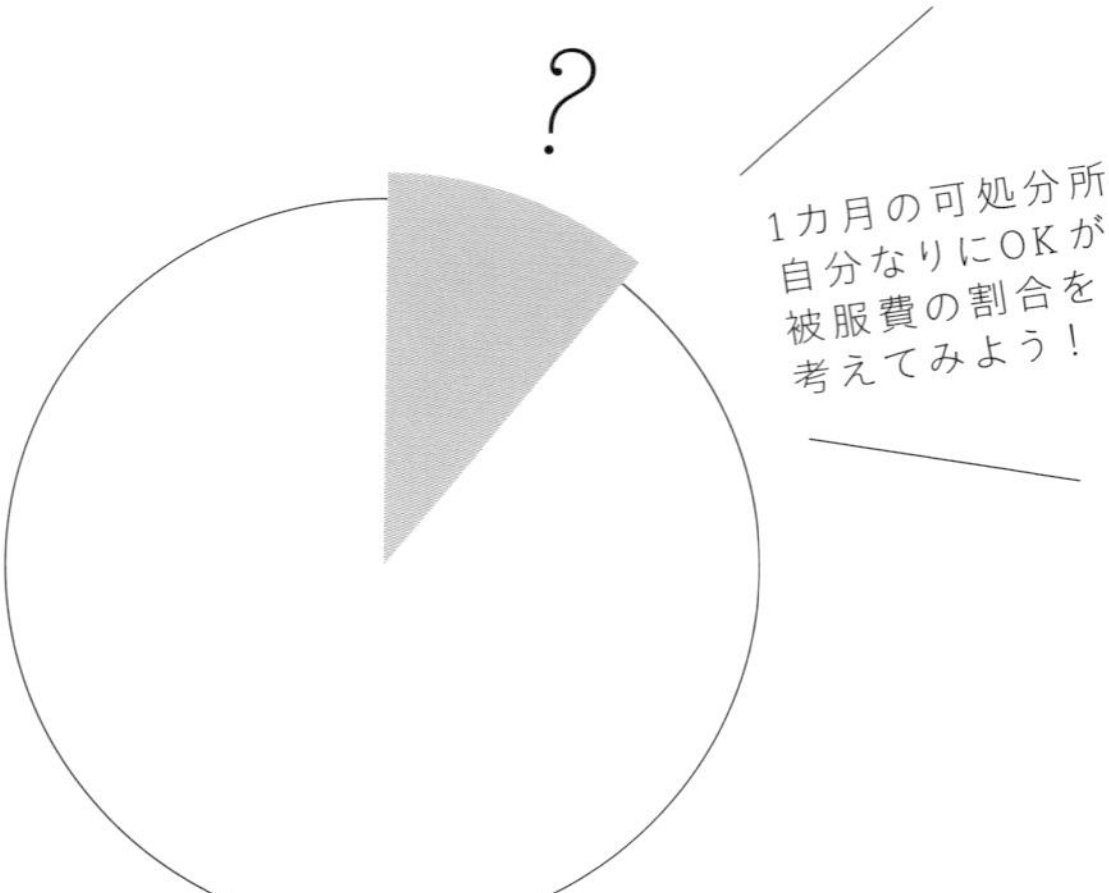
？
1カ月の可処分所得のうち、
自分なりにOKが出せる
被服費の割合を
考えてみよう！

私が実際に購入したもの［秋冬シーズン］

憧れ＆長く使えるものに
予算の半分を投資！

sale

サルトルのブーツ
¥60,000
前からずっと欲しかったブーツで、30％引きになっているのをゲット！　これが大きな出費なので、ほかを抑えようと計画。

sale

とろみブラウス
¥5,000
ジャケットのインナーに着るためにシンプルなものを。

カーキシャツ
¥8,000
取り入れたいトレンドカラーで、自分に似合うデザインを発見。

無印良品の
ボーダーカットソー
¥4,000
定番の更新。いつも清潔感をもって着ていたい。

ニット
¥7,000
オフホワイトの薄手ニットが春夏シーズンで活躍したので、秋冬用に厚手のものも購入。

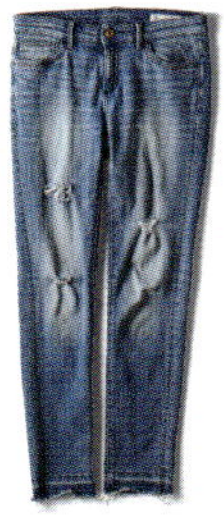

ZARAのデニム
¥6,000
定番デニムの更新。デザインがお気に入りです。

sale

ターコイズのブレスレット
¥15,000
天然石のものが半額セールでした。長く使う定番アクセサリーに。

バングルとリング
¥3,000
トレンド小物は今年しか使わないかもしれないので、プチプラで。

1カ月の予算　¥20,000
1シーズン（秋冬）の予算　¥120,000
実際に使った金額　¥108,000

浮いた¥12,000は40代での
大きな買い物に回す！

上品な光沢があり、シワになりにくいハリ感のあるスカート。

ゆったり感のあるニット。手持ちのボトムスをきれいに見せてくれ大活躍。

今年らしいブルーやダメージ加工が気に入ったデニム。すべてZARA。

かしこくネットショッピングする極意

私がよく利用するのは、「ZARA」のネットショッピング。送料が無料なだけでなく、なんと返品時の送料も無料。お店での試着が苦手という方にもオススメです。

家で着てみると、お店で試着するときよりも冷静な目で商品を見ることができます。手持ちの服とあれこれ合わせることができるし、家族からの正直な感想も聞ける。子どもが小さいうちはゆっくり服を見るのも一苦労だから、こんなサービスをうまく取り入れるのもひとつの手です。

ただしネットショッピングでは、「××円以上で送料無料」に気を付けます。送料を無料にしたいがために不要なものを買ってしまっては無駄遣い。その上クローゼットを圧迫し、おしゃれのしにくい環境を生み出してしまいます。

セールでこそ ベーシックなものを 買うと決める

ベーシックでシンプルな服は、つい買うのを後回しにしがち。けれどベーシックだからこそどんな服とも合い、便利に着られるからこそ自然とヘビーローテーションで使っていたりします。当然、くたびれるのも早くなるので、注意していたみ具合をみることが必要。大人のおしゃれに何より必要な清潔感が、くたびれた服では出せません。

定期的に賢く更新するのに、セールはうってつけ。「よく着るニットに毛玉ができていないか」「パーカーがよれていないか」「白いパンツに汚れがないか」と、手持ちのベーシック服を確認してください。

財布のひもが緩みがちなセールのときは、目についた可愛い服も「どうしようかな」と少しでも迷うなら買わないで。買い足しよりも、買い替えがセール必勝のポイントです。

OK
欲しいものが
セールにあった

NG
安くなって
いるから買う

Gold Bangle

将来はティファニーの太いバングルをはめてみたくて、使いやすくリーズナブルなバングルで練習中。

Clutch Bag

シャネルのクラッチバッグの練習に。手の届くブランドのクラッチバッグで慣れてから、いつかは……！

いきなり高価なものではなく、練習を！

「失敗の買い物をしたくない」という思いから、最初から上質なものを買って長く着たい、と思う方が多いようです。けれど怖いのは、それが似合わなかったり、生活にそぐわなかったりした場合。大きな支出なだけに、損失も落胆もはかりしれません。

購入前にきちんと検討をしたとしても、実際の生活で取り入れてみるまでわからないことはたくさんあります。暮らしを豊かにするために買ったはずのものが、「高かったのに全然使えない」「着ているときに気を抜けない」など、かえって心の負担になってしまうことも。

たとえば初めてトレンチコートの購入を考えたとき、「トレンチといえば、バーバリー」と買ってみたけれど、子どもが小さく着る機会がない……というパターン。まずは背伸びをしな

Trench Coat

ゴールイメージはバーバリー。今は、公園にも気軽に着ていけるようなトレンチコートがちょうどよい。

Cotton Pearl

圧縮したコットンの表面にパール加工をしたコットンパール。軽くて安価なので、カジュアルに身に着けやすい。

い等身大のブランドで、実際にトレンチコートのある暮らしをしてみましょう。子どもに汚されることがあっても、目くじらを立てずに着られるものが理想です。着こなしをあれこれと試してみて、十分に必要性が実感でき、さらに自分にもっと似合う色や形のトレンチがわかる頃には子どもも育っている……。本当に着こなせるようになってから、憧れのものを買っても遅くないと思います。

ほかにも、たとえばシャネルのクラッチバッグを頑張って買ってみても、ある日突然シャネルのバッグが似合うようにはなりません。クラッチバッグに合う服がない、持っていく場所が思い当たらない等々……。結局タンスの肥やしになってしまう可能性があります。似合う自分になるには、それまでの練習が必要です。

「正解の買い物＝憧れのもの」とは限りません。「0か100か」ではなく、たとえ「60」のものでもワンステップずつ階段を上がっていきましょう。その「60」は、決して無駄な買い物にはならないはずです。

Column

シーズンはじめに、1ウィークコーデを考えてみよう！

　忙しい朝、今から出かけようというときに、これまでしたことのないコーディネートを考えるのはほとんど無理です。つい、いつもの変わり映えのしない組み合わせを手に取ってしまう。これが、着回しがワンパターンになってしまう大きな原因です。

　だから余裕のあるとき、できればシーズンのはじまりに、1週間分のコーディネートをあれこれと考えてみましょう。

そのときに考慮するのは、「実際に起こるTPO」ごとに、「小物づかい」までコーデすることです。たとえば「通勤」「休日に動物園へ」「授業参観」「友達と飲み会」など。すると、このシーズンに必要なものは何かも明確になります。

　また、シーズン中も一度くらいは、「今までしなかった手持ち服同士の組み合わせ」を試してみてください。思いつかなければ雑誌で「ベージュのトップスはどう使ってるかな」と探したり、ネットで「カーキ　Tシャツ　コーデ」と画像検索したりとアンテナを張ることができます。持ち服の新たな可能性が広がれば、新しい服を買うのと同じくらいの価値があると思うのです。

　何より、一度しっかりおしゃれの仕込みをすれば、日々の朝の支度がグッと手早くラクになりますよ。

4. あなたにぴったりのデザインはどれ？骨格別おすすめベーシック

自分の体にはどんな形の服が似合うのだろう？　それをわかりやすくタイプ別に示したのが骨格スタイル分析です。ベーシックなコーディネートにこそ、体型に合ったデザインが大切。自分に合ったベーシックの選び方、着こなし方を見つけてみましょう。

少ない服で着回したいなら、やっぱりシンプル服＋小物！

おしゃれになりたくて、おしゃれな服を買おうとするのはよくあるパターン。でも、おしゃれは全体であり、服だけで完結させるものではありません。特別なときにしか着られない凝った服よりも、シンプルで着回しの効く服に、小物アレンジで特別感を出せばいい。ひとつのシンプルコーディネートで、いいレストランにも近所の公園にもぴったりのスタイルをつくり出すことができます。

そのために、小物はTPOごとに揃えておくととても便利。「仕事」「友だちとランチ」「観劇」など自分の生活シーンにあるキーワードでつくっておきましょう。

そしてその小物を活かすのが、シンプルコーデという好循環。小物が「おいしいおかず」だとしたら、一番合うのは「白いごはん」のシンプル服です。自分の骨格スタイルに合うシンプル服を知り、マイベーシックアイテムを揃えましょう。

Brown

ブラウン小物セット

黒よりも優しく落ち着いた雰囲気に仕上げてくれる茶色やベージュ系。茶は色の幅が広いので、同系色で揃えて。

Black

黒小物セット

きちんとしたシーンで活躍する黒小物。女性らしいエレガントなデザインならば、フォーマルにも使い回せます。

White

白小物セット

春夏に、爽やかな季節感を演出してくれます。コーディネートに抜け感をつくり、洗練されたカジュアルダウンが叶います。

Casual

カジュアル小物セット

公園に行くようなカジュアルシーンでも、小物の一工夫でちょっとおしゃれに。服がワンパターンでも、小物でいくらでも印象は変わります。

シンプルな服こそ、
自分をひきたてるデザインを

骨格スタイルがわかると、似合う服がわかる！

シンプルな服は装飾でごまかせない分、本当に似合うものを選びたいところ。もし「貧相に見える」「着ぶくれて見える」「だらしなく見える」などの問題があるのなら、自分の骨格スタイルに合わない服である可能性が高いです。

人それぞれに、体の質感やラインの特徴など、生まれ持った骨格構造があります。自分がどのタイプなのかを知ることで、似合う「デザイン」や「素材」などがわかります。素敵に見せられる「得意服」や、逆に魅力を削いでしまう「不得意服」がわかれば、ポイントを絞った服選びができるようになります。

- □ 筋肉がつきやすく、二の腕や太ももの筋肉が張りやすい
- □ 首がやや短めで、肩周りに厚みがある
- □ 胸板に厚みがあり立体的、胸の位置は高め
- □ 鎖骨はあまり目立たない
- □ 肩甲骨はあまり目立たない
- □ 手の大きさが身長のわりに小さめで厚く、肌には弾力がある
- □ おしりの位置が高く、腰回りが丸い
- □ 膝は小さめで目立たず、膝下はまっすぐで細い
- □ 着ると褒められる……シンプルなVネックニット、コットンシャツ、テーラードジャケット、センタープレスパンツ、タイトスカート
- □ 着るとやぼったく見える……チュニック、ハイウエストに切り替えしがある服、薄くて柔らかい素材のブラウス、ミニスカート、重ね着コーデ

Straight
ストレート

合計 ＿＿＿＿ 個

ストレートタイプは立体感のあるメリハリ体型。バスト位置やヒップ位置が高く上重心。特にももや二の腕に筋肉を感じるハリのある肌質。首が太くて短め。

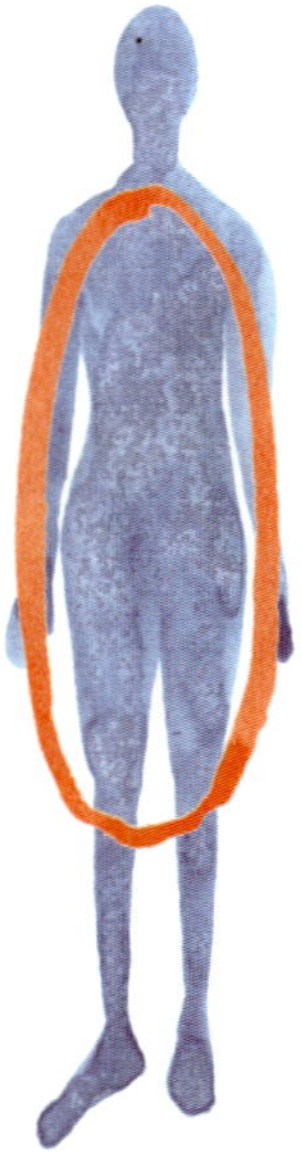

チェックの数が一番多かったものが、あなたの骨格タイプです

- [ ] 筋肉よりも骨格や関節のしっかり感、骨太さが目立つ
- [ ] 首が長めで、首の筋がしっかり見える
- [ ] 胸板の厚みよりも、肩のラインや骨が目立つ
- [ ] 鎖骨がはっきりと出ていて、骨が大きい
- [ ] 肩甲骨がはっきりと出ていて、骨が大きい
- [ ] 手の大きさが身長のわりに大きく、肌は硬めで指の関節や節が目立つ
- [ ] おしりが平板で、腰回りが細長い
- [ ] 膝は大きめで骨張っていて、膝下は筋が目立つ
- [ ] 着ると褒められる……ざっくりニット、ロングカーディガン、麻のシワ加工シャツ、デニム全般、マキシ丈スカート、ワイドパンツ
- [ ] 着るとやぼったく見える……合成繊維のトップス、ビジューつきトップス、ショート丈ジャケット、着丈の短い服、体にぴったりする服

Natural
ナチュラル

合計 ______ 個

ナチュラルタイプは骨の太さや関節の大きさが目を引き、フレーム感のあるがっしりした体型。身長の割に手足が大きく、肩幅も広く鎖骨や肩甲骨が大きく出ている。

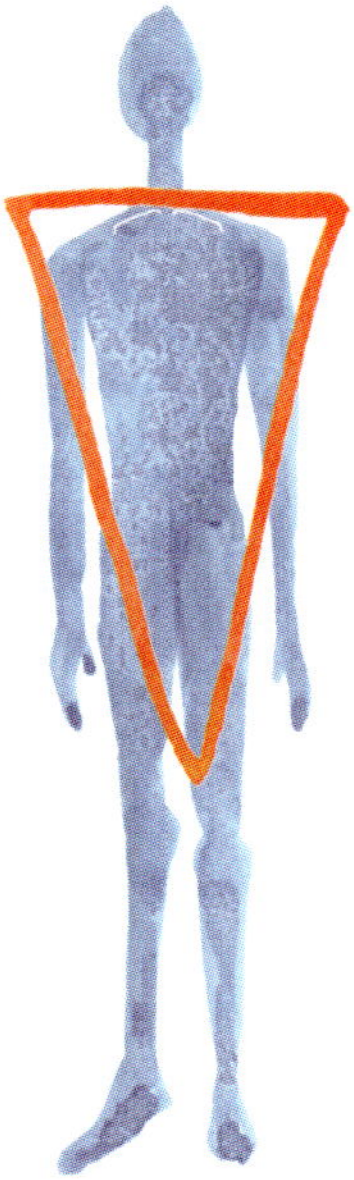

- [ ] 筋肉がつきにくく、下半身に脂肪がつやすい
- [ ] 首が細く、肩周りが華奢で薄い
- [ ] 胸板に厚みがなく平面的。胸の位置は低め
- [ ] 鎖骨はうっすらと出ているが骨が小さい
- [ ] 肩甲骨はうっすらと出ているが骨が小さい
- [ ] 手の大きさが身長のわりに小さめで薄く、肌はふわふわと柔らかい
- [ ] おしりの位置が低く、腰回りが台形
- [ ] 膝は小さめで丸っこく出ていて、ややO脚ぎみ
- [ ] 着ると褒められる……ツインニット、ツイードのノーカラージャケット、フレアスカート、ふんわりブラウス
- [ ] 着るとやぼったく見える……シンプルなVネックニット、コットンシャツ、デニム全般、着丈の長い服

Wave
ウェーブ

合計 ______ 個

ウエーブタイプは上半身の厚みが少なく華奢な印象。バストとヒップの位置が低めで、下半身にボリュームがつきやすいのが特徴。肌質は脂肪の柔らかさ。首は細く長め。

骨格スタイル別、
おすすめファッション

自分を知って、
アイテム選びの参考に

筋肉がつくる立体的なラインとハリがリッチな質感の「ストレート」、体が薄く柔らかで女性らしい「ウェーブ」、骨や関節がしっかりと出ている硬い質感の「ナチュラル」。大きく3つに分かれますが、もちろん混合タイプの方もいます。体の線は「ストレート」だけど、肌質がソフトで「ウェーブ」に当てはまる場合、デザインはストレート、素材感はウェーブに適した服を選ぶのがおすすめです。

Straight
ストレートさん

髪はデコルテにかからないようきっちりまとめたり、ストレートヘアに。

コットン100%、ウール、カシミアなど適度なハリのある高品質な素材がしっくり。

シンプル、直線的なデザイン。センタープレスがあるなどきちんと感が大切。

シンプル／ベーシック

シンプルなデザインや直線的なラインなど、ベーシックなスタイルが似合う「きちんときれい」タイプ。ハリのある上質なアイテムで、品格あるスタイルをつくれます。着崩しはだらしなくなり、飾り立てると着太りに注意。

Wave
ウェーブさん

巻き毛のセミロング、アップスタイルならおくれ毛を残すなど華やぎをプラス。

Natural
ナチュラルさん

無造作で、かっちりつくりこまない髪型。ウェーブのかかったベリーロングなど。

天然素材や、洗いざらしのようなざっくり素材。シワ感やダメージ加工も得意。

形が緩やかで骨を目立たせない自由なライン、味のあるようなデザイン。

生地は柔らかく、ストレッチが効くような合織。ハイウエストでスタイルアップ。

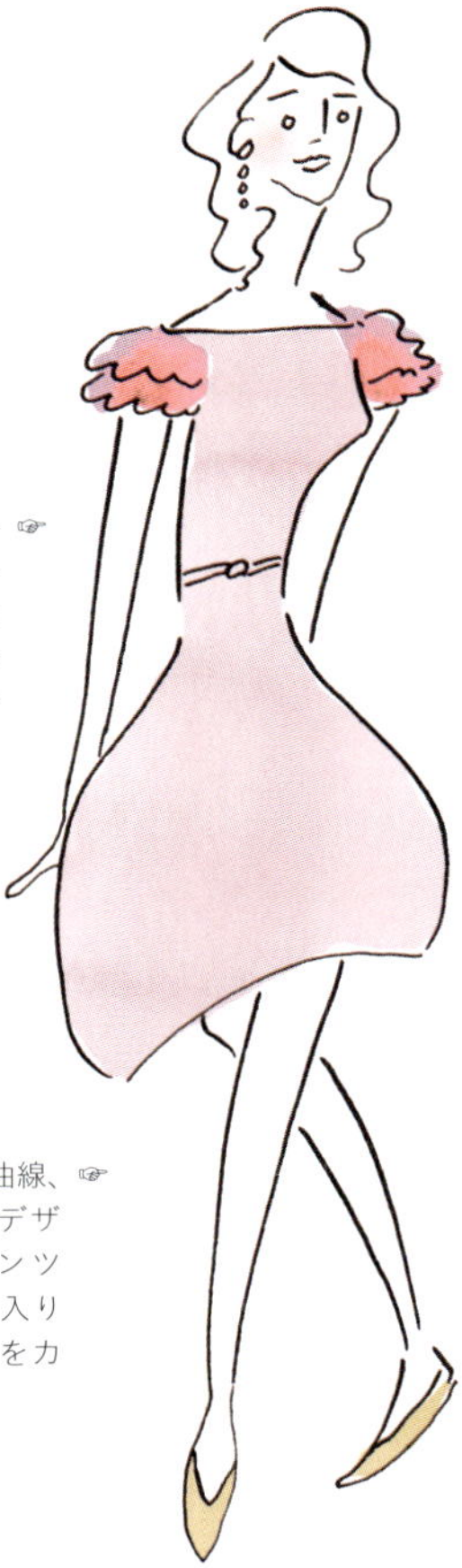

直線より曲線、柔らかなデザイン。パンツはタック入りで腰回りをカバー。

ざっくり／カジュアル
体にフィットしない緩めのラインや、縦に長さのあるざっくりとした着こなしが似合います。ボリュームのあるワイドパンツや、長さのあるストールなど、大人カジュアルをラフで自由に遊ぶイメージ。

女性らしい／華やか
ソフトな質感で体にフィットする曲線的なライン、華やかで可愛らしいスタイルが似合います。華奢な上半身にフリルやアクセサリーなどで立体感を出しましょう。シンプルすぎると寂しい感じに見えてしまうのでNG。

タイプ別おすすめベーシック

Tシャツは人によって「定番」が違うと知っていますか？

シンプルなTシャツこそ、体型に合った形のものを、似合うバランスで着ることが大切。涼しく着られる夏のヘビロテアイテムを「得意服」にできたら、身も心もラクになれますね。

Straight
ストレートタイプ

デコルテの見えるUネックやVネックで、肩のラインが引き立つものがおすすめ。袖丈は二の腕の筋肉を目立たせない長さ。生地は綿のようにしっかりとしたもので、ジャストサイズですっきりと。

t-shirt／three dots（スリードッツ青山店）

Wave
ウェーブタイプ

合織が混じったストレッチ素材で、フィットして女性らしいラインを表せるものを。着丈は短めでコンパクト。シンプルすぎると寂しくなりがちなので、パフスリーブなどを選んで立体感を出して。

t-shirt／AG

Natural
ナチュラルタイプ

体からちょっと生地が離れて骨格を目立たせないものを選んで。ドルマンスリーブやボートネックといった、少しゆるっとしたもの。素材は綿や麻混など天然素材で。

t-shirt／Stola.（ストラ）

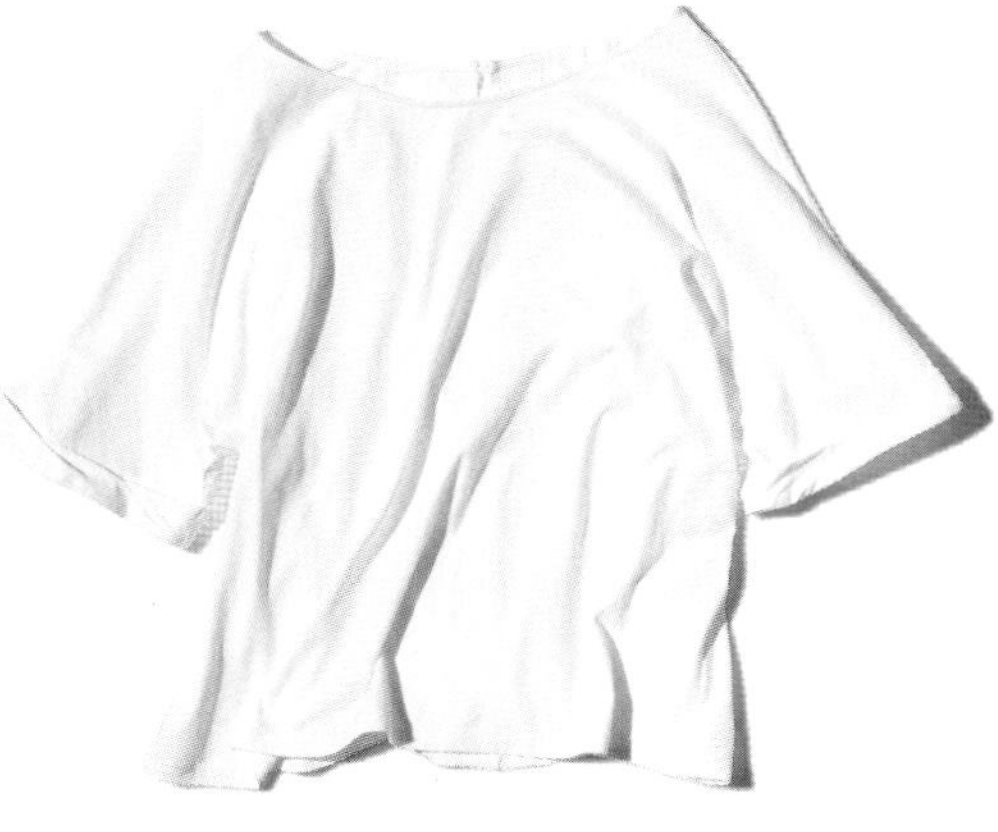

シャツはシンプルだからこそ ベストな一枚を

1年を通して、きれいめにもカジュアルにも着回すことのできる王道のベーシック。自分の体を最もスタイルよく見せてくれる素材のシャツがわかれば、「サラッと羽織るだけでおしゃれ」になれます。

Straight

ストレートタイプ

ハリのあるコットン生地のものを、アイロンをかけてパリッと着こなして。シワ感はだらしなく見えるので、リネン生地でもアイロンを。肩のラインを合わせて、ジャストなサイズ感で。

shirt／UNIQLO（ユニクロ）

Wave

ウェーブタイプ

本当はノーカラーブラウスがお似合いなウェーブさん。襟つきなら小さくて丸みのある襟を選んで。ポリエステルの柔らかい生地で、裾はインしてウエストラインを出してフェミニンな印象に。

shirt／UNIQLO

Natural

ナチュラルタイプ

胸元を開けたり、腕をまくったりとラフで無造作な着こなしで。ビッグシルエットのシャツなどを、ざっくり着崩すのが大の得意です。粗めの麻素材、太めの糸で織ったボタンダウンも◎。

shirt／INÉD（イネド）

パンツは少しの差で大幅スタイルアップ

パンツは「デザインにあまり差がない」「私は似合わない」と先入観を持たれがち。けれど実はデザインの少しの差が、スタイルアップに大きく貢献します。チュニックで隠さなくても素敵に見える一本を見つけてください。

Straight
ストレートタイプ

直線が得意なので、センタープレスのあるきれいめパンツや、ハリ感のある綿やウール素材が向いています。九分丈〜フルレングスを最も素敵に着こなせる。

pants／UNIQLO（ユニクロ）

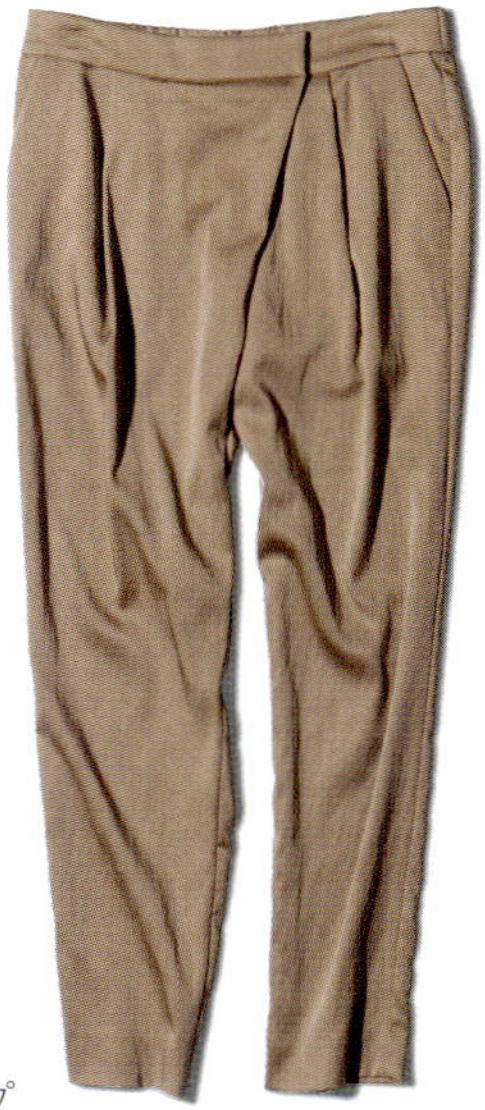

Wave
ウェーブタイプ

腰にカーブがあるので、タックの入ったパンツが似合います。ストレッチが効いていたり、とろみがあったりと柔らかい質感の生地を選んで。レギパンやサブリナパンツもおすすめです。

pants／LOUNIE（ルーニィ）

Natural
ナチュラルタイプ

綿、麻、コーデュロイなどの天然素材をざっくりと履きこなせます。下半身にボリュームが出るワイドパンツやガウチョパンツが得意。カーゴパンツなどのワークテイストも似合います。

pants／INÉD（イネド）

カジュアルを格上げするデニム選び

若いときはどんなデニムでもそれなりに見えるもの。でも大人になったら、自分に合ったデザインこそキマるのがデニム。野暮ったさのない、洗練された大人カジュアルをつくる大切なポイントです。

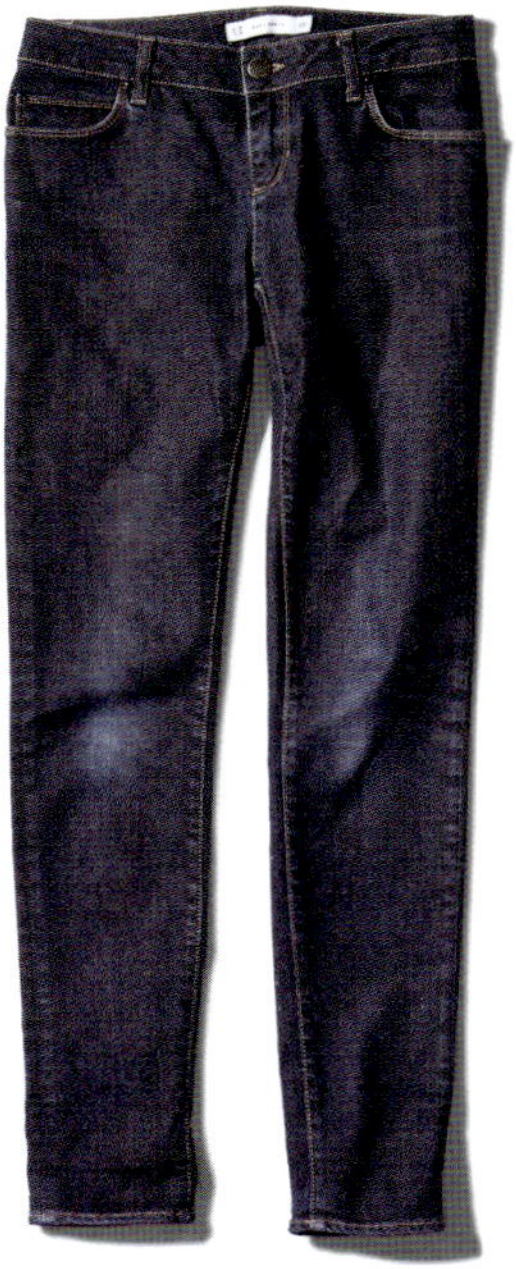

Straight
ストレートタイプ

色落ちやダメージ加工のない、シンプルなストレートタイプをきれいめに履きこなして。綿100%に近いしっかりした生地感、ほどよい厚みが◎。

denim／ZARA

Wave
ウェーブタイプ

足のラインにフィットするストレッチデニムで、ハイウェストなものもOK。基本的に短い丈や細いラインが得意なので、クロップドでスタイルアップ。

denim／GAP

Natural
ナチュラルタイプ

綿100%で生地のしっかりしたボーイフレンドデニムやフレアワイドデニム、色落ちやダメージ加工もおしゃれに履きこなせます。だらしなく見えず大人のカジュアルスタイルに。

denim／ZARA

体型に合えば一枚できれいなニット

心地よくラクにきれいをつくれる秋冬の必須アイテム。自分の体型に合うものを着れば、これ一枚でシンプルなおしゃれが完成です。合わないものは着ぶくれたり野暮ったくなったりしやすいので要注意。

Straight
ストレートタイプ

ウールやカシミア100%の高品質、フラットなハイゲージでシンプルな形、深めのVネックがお似合い。スタンダードなデザインで十分素敵。サイズ感はジャストサイズが◎。

knit／UNIQLO

Wave
ウェーブタイプ

首にぴったりと沿った丸いネックだけではシンプル過ぎな印象も、短めの何連かのネックレスなどで飾ると華やかで素敵に。モヘアなど柔らかくふわっとした素材なら、より女性らしさをプラスできます。

knit／JOHN SMEDLEY（リーミルズ エージェンシー）

Natural
ナチュラルタイプ

ミドル／ローゲージのざっくりニットがおしゃれ。ドルマンなど、骨のフレームが出ないウール100%で厚みのある素材が似合います。Vネックなら、浅めで肩に落ち感のあるものを。

knit／JOHNSTCNS（リーミルズエージェンシー）

ボーダーを「普通」ではなく「素敵」に見せる選び方

ボーダーは、柄なのにもはや無地のようにシンプルなおしゃれを楽しめるのが魅力。人を選ばず誰でも似合うこのボーダーにも、「より素敵に」見せる特徴がタイプ別にあるのです。

Straight
ストレートタイプ

綿100%素材でボックス型の直線的なフォルム。腰骨にかかるくらいの丈で、肩口が少し開いていると尚よしです。ボーダーのピッチは細すぎず太すぎずスタンダードなものを。

cutsew／UNIQLO（ユニクロ）

Wave
ウェーブタイプ

線が細めのボーダーで、生地は薄めのストレッチ素材がおすすめ。襟周りに何かデザインがあると、もの寂しさがなく、女性らしいカジュアルが楽しめます。

cutsew／studio CLIP

Natural
ナチュラルタイプ

骨格がしっかりしているので、デザインが華奢だとアンバランス。太めのピッチで大柄なボーダーが得意です。生地は綿100%。肉厚で、体に対してゆったり感のあるものがおすすめ。

cutsew／UNIQLO（ユニクロ）

タンクトップは人を選ばない必須アイテム

タンクトップをあまり持っていないという人も多いのですが、白・黒・グレーともう一色くらいの持ち合わせがあるとおしゃれのラクさが一気に上がります。

同じコーディネートでも、下にタンクトップの色が見えることで印象がまったく違うものになる。白で抜け感を出したり、茶で秋の装いにしたりと、とても便利な縁の下の力持ちです。

持ち服に色があまりなくてワンパターンだと感じているならば、タンクトップから色を取り入れてみてはいかがでしょうか。大きな面積で色を取り入れるのは難しくても、シャツのインナーとしてちらりとさし色にするならハードルも低い。そしてその少しの色遣いが、印象に大きな差を生み出します。

わざわざ「タンクトップを買いに」と出かける気にはならないかもしれませんが、インナーにこだわる人こそおしゃれさんだと思うのです。

胸元の大きく開いたトップスにタンクトップを合わせて、レイヤードを楽しみます。

[左から]茶色…INĒD(イネド)、リブのグレーと白…UNIQLO(私物)、黒…UNIQLO(ユニクロ)、白…three dots(スリードッツ青山店)

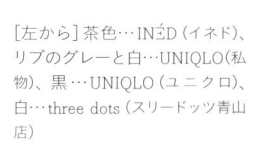

タンクトップ

Coordinate Catalog

とろみのあるシャツの中に、とろみのあるタンクトップで素材感を合わせたきれいめコーディネート。

カーキに白をプラスして、夏らしく。顔周りに白が来るとレフ版効果で明るく見せられます。

ニット＋デニムのシンプルコーデに、茶色のタンクトップをはさんで同系色のグラデーションに。

ダンガリーシャツの下にリブタンクトップを合わせた、カジュアルコーデ。カーゴパンツとも好相性です。

シャツやカットソーから少し覗くだけで、
全体をぐっと引き締めたり、抜け感をつくってくれたり。
タンクトップは隠れた定番シンプル服のひとつです。

白いシャツ＋黒いパンツというベーシックなコーディネートに、グレーを入れてグラデーション。

ネイビートップスにちらりと白が見えるだけで、抜け感が出ておしゃれ度アップ。

ジャケットのインナーには、デコルテの開いたつるっと素材のタンクトップ。Tシャツを重ねて、レイヤードを楽しむ。

ボートネックのボーダーの下に、ボルドーの色タンクトップ。いつものコーデに秋の季節感をプラスして。

シンプルな白ロンTは驚くほどの働き者！

白い無地のロングTシャツは、「インナーとして使うもの」と「一枚で着るもの」の2種類を持っているとおしゃれの幅がぐっと広がります。

働きとしては、タンクトップの冬版と言えます。冬のコーディネートは暗い色にまとまりがち。だから少し白がのぞくだけでも、全体を明るく締めてくれるのです。ぼんやりとした色同士のコーディネートに、メリハリをつける効果も。夏にリブのタンクトップが活躍した人は、冬のロンTもカジュアル感のあるものが活躍する可能性大です。

一枚で主役として着るときは、半袖の白Tシャツと同じように小物遣いを大きく活かすことができます。アクセサリーやストールを引き立てて、さまざまなTPOに着ることのできる、まさに「主食」「白ごはん」な存在です。

後回しにされがちなシンプル服の買い物の中でも、さらに後方に回りがちな白ロンTですが、一度持ってその便利さを実感してみてください。

お手数ですが
切手を
お貼りください

郵便はがき

1 5 0 - 8 4 8 2

東京都渋谷区恵比寿4-4-9
えびす大黒ビル
ワニブックス 書籍編集部

お買い求めいただいた本のタイトル

本書をお買い上げいただきまして、誠にありがとうございます。
本アンケートにお答えいただけたら幸いです。
ご返信いただいた方の中から、
抽選で毎月5名様に図書カード(1000円分)をプレゼントします。

ご住所 〒

TEL (- -)

(ふりがな)
お名前

ご職業

年齢 歳

性別 男・女

いただいたご感想を、新聞広告などに匿名で使用してもよろしいですか? (はい・いいえ)

※ご記入いただいた「個人情報」は、許可なく他の目的で使用することはありません。
※いただいたご感想は、一部内容を改変させていただく可能性があります。

●この本をどこでお知りになりましたか?(複数回答可)

1. 書店で実物を見て　　2. 知人にすすめられて
3. テレビで観た(番組名：　　　　　)
4. ラジオで聴いた(番組名：　　　　　)
5. 新聞・雑誌の書評や記事(紙・誌名：　　　　　)
6. インターネットで(具体的に：　　　　　)
7. 新聞広告(　　　　新聞)　　8. その他(　　　　　)

●購入された動機は何ですか?(複数回答可)

1. タイトルにひかれた　　2. テーマに興味をもった
3. 装丁・デザインにひかれた　　4. 広告や書評にひかれた
5. その他(　　　　　)

●この本で特に良かったページはありますか?

[　　　　　]

●最近気になる人や話題はありますか?

[　　　　　]

●この本についてのご意見・ご感想をお書きください。

[　　　　　]

以上となります。ご協力ありがとうございました。

シンプルなニットの下から白が少し覗くだけで、メリハリがついて明るく見えます。

[左から] UNIQLO（ユニクロ）、three dots（スリードッツ青山店）、SUPERIOR CLOSET INÉD international（スーペリア クローゼット イネド インターナショナル）

白ロングTシャツ
Coordinate Catalog

黒っぽい暗いコーディネートにも、襟ぐり、袖口、裾の白で抜け感が。白いストールともリンクします。

ベージュと淡いカーキという中間色同士の間から白が覗くことで、コーディネートがぼんやりしない。

真っ白より柔らかくまとまり、茶系となじむオフホワイトのロンT。ニットと合わせて、雰囲気のあるコーデに。

一枚で着るときは、アクセサリーやカーディガンなどで味をつけて。大人のシンプルカジュアルに。

白いロンTが一枚あるだけで、
こんなにも働いてくれる。
白だからつくれる抜け感、清潔感を冬にも活かして。

ジャケットのインナーにはデコルテが見えるデザインで、ハリのあるきちんとした生地のロンTがマッチ。

ロングカーディガンのインナーにはグレーを入れる人が多いのですが、白なら明るい抜け感をつくってくれます。

濃い色のデニムシャツの中に白で抜け感を。ホワイトデニムと合わせて、ダウンのコーディネートも軽やかに。

コート＋パーカーという厚手同士の重ね着も、中に白を入れることで重くなりすぎず、爽やかにまとめられます。

朝、靴下を迷わないためのルール

「今日のコーディネート、なんか決まらないんだよな〜」というとき、その原因は靴下にあったりします。いくら服がうまくいっても、靴下が合っていないと全体が残念な印象になってしまいます。

ジャケットに合わせるインナーが必要なように、靴を履くときに困らない靴下を持っている必要があります。たとえばバレエシューズを履きたいのに、厚手の靴下や半端にはみ出る靴下しかなければ、その靴は履けません。「この靴のときはコレ」というように、靴を買ったら一緒に靴下のことも考えましょう。

もちろん、服との相性も重要。ショートブーツとパンツが明るい色なのに、真っ黒な靴下が見えてしまっていては台無し。少しのぞくだけでも思ったより目立つので、パンツの色合いと同系色にしておくとまとまった印象に。

コーディネートを検討するときは、靴と靴下まで含めることを忘れないようにしましょう。

TPOに合わせて服や靴を持つように、それらに合う靴下を用意しておきましょう。仕事用と休日のカジュアル用は分けて持ちます。4足とも「靴下屋」で購入。

カジュアルパンツ × リブ靴下

デニムにつるんとした靴下では幼い印象になってしまいます。カジュアルコーデにはリブの靴下を合わせるとしっくりきます。

きれいめパンツ × つるんと靴下

パンツと靴下は基本的に素材感を揃えれば違和感なくまとまります。つるんとした生地のパンツには、つるんとした生地の靴下を合わせられるよう用意しておきましょう。

甲浅靴下は2段階で持つ

ローファーを履くときと、バレエシューズを履くときでは足の甲の見え方が違います。甲の深いものと浅いものを揃えると便利。

Column

骨格スタイル分析を学んで

たくさんのお客様の骨格スタイル分析をさせて頂き、改めて感じたのは、高い服や流行の服を着ることがおしゃれではない、ということ。おしゃれなのは、自分の身体のことを知っていて、合ったものを選べている人なのです。

誰しも、「もっと女性らしい体だったら」「痩せていたら」と憧れる体型はあると思います。でも、今の体だから似合うものもある。ないものねだりで停止してしまわず、「私だからリネンが似合う」「私にはフレアが似合う」といいところに目を向けておしゃれを楽しんでほしいと思います。人はどうしてもコンプレックスに目が向きがちですが、長所を見なくてはもったいないです。

コンサルティングに骨格スタイル分析を取り入れるようになってから、より論理的な視点でお客様にアドバイスできるようになりました。理論に裏打ちされた長所なら、謙遜せず、客観的に納得することができます。長所がはっきり認められれば、似合う服を自信を持って着られます。

この理論を応用することで、苦手なスタイルを「似合わせ」ることもできるのです。「正解」を着るためではなく、自分の魅力を活かし「好き」なファッションを楽しむための助けになる。活き活きとおしゃれを楽しむお客様の様子を見られることが、何よりうれしいです。

色合わせのレシピを持つ

5.

色合わせのパターンを増やす。好きだけど似合わない色の、取り入れ方を知る。マンネリの色合わせにうんざりしていたり、「今日の格好、大丈夫かな」と一日をモヤモヤと過ごすのはもったいないから、色合わせの「事前仕込み」で自信と安心感を持って過ごそう。

ワンパターンな色合わせばかりになっていませんか？

「グレーニットのボトムは黒」のように意識が固定化してしまうと、色合わせがワンパターン化し、十分な量を持っているのに、服が足りないような錯覚を起こしてしまいます。持ち服同士でできる新しいコーディネートは意外にたくさんあります。お客様のお宅で新しい組み合わせをご提案すると、「服を買わなきゃと思ってたけど、手持ち服で十分ですね」という方がたくさんいらっしゃいます。

固定化した意識のまま買い物に行っても、「あのニットに合わせるなら黒だな」とまた同じ色のものを買ってしまいがち。同じ色合わせでは新鮮味もなく、服を増やしても満足が得られません。

「ほかの色合わせが思いつかない」「いつも色合いが地味になってしまう」と悩むなら、朝、着替える直前ではなく、コーディネートを考える時間を取りましょう。料理だって、急いでつくるものはワンパターンになりがち。同じ材料でほかにどんなものがつくれるのか、あれこれ試してみましょう。

雑誌の色合いを手持ちの服で真似してみよう！

「雑誌のコーディネートから自分の理想を見える化する」というご提案をしましたが（p26）、色合わせに悩んだときも雑誌は有効。レシピ集から今日つくるメニューを選ぶように、「雑誌の真似をする」感覚を身につけましょう。ファッション誌やスタイルブックは、眺めるだけではなく、自分のファッションに活かしてみましょう。

自分の手持ちの服と照らし合わせながら雑誌を見ていると、「いつも黒と合わせちゃうけど、ほかに何と合うのかな」「グレーってベージュにも合うんだ」と新しい発見があります。他人事ではなく自分事としての新たな目線で読んでみると、自分の中にはなかった新しい組み合わせが頭の中に入ってきます。

モデルさんの姿をすべて真似する必要はありません。配色だけ、小物だけでも実践に取り入れれば学びがあり、センスになっていきます。自分のコーディネートに何かひと味足りない……というときも、雑誌のプロの仕事からヒントを得てみてください。

グレーの色合わせレシピ

Gray Recipes

グレー × 白

控えめな印象を与える中間色のグレーに白を合わせることで、上品・エレガントといったイメージに。きちんと感のある小物で、改まった場にも。

knit／UNIQLO　pants／UNIQLO　bag／CHARLES &KEITH　shoes／MANOLO BLAHNIK（バーニーズ ニューヨーク カスタマーセンター）　stole／AquascutumWHITE LABEL（レナウン プレスポート）

グレー × デニム地

グレーニット＋デニムというベーシックなスタイルに効いてくるのは小物使い。インナーの白を覗かせることで全体を引き締めます。

knit／UNIQLO　t-shirt／three dots（スリードッツ青山店）　denim／ZARA　bag／BULGA　shoes／C'ast Vague

TPOを選ばず使えるグレーのニットは、暗い色と合わせて無難かつ地味になりがち。
おしゃれに着るには、ちょっとした気遣いが必要になります。
ポイントとなる小物合わせも参考にしてみてください。

グレー × ベージュ

意外と合わせないけど、雑誌にはよく載っているおしゃれ度の高い組み合わせです。グレーは無彩色なので、青系にも赤系にもスッとなじみます。

knit/UNIQLO cutsew/UNIQLO（ユニクロ） pants/ELFORBR bag/Henri Bendel shoes/La TENACE（エヌディーシージャパン）

グレー × 黒

同系色の、合わせやすいコーディネート。暗い色合わせで落ち着いている分、アクセサリーやキャンバス地バッグの抜け感が必要。

knit/UNIQLO skirt/tomorrowland bag/L.L.Bean shoes/Church's scarf/IÉNA

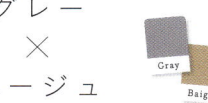

ベージュの色合わせレシピ
Beige Recipes

ベージュ
×
白

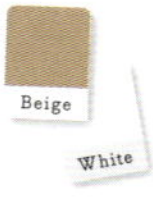

ベージュ、白、ゴールドというすべてが大人っぽい女性らしい色合いで構成。柔らかく、優しい印象になります。

knit／SCAGLIONE　pants／Something JEAN par INÉD（イネド）　bag／PRADA　shoes／FABIO RUSCONI　stole／Faliero Sarti（ファリエロ サルティ 青山店）

ベージュ
×
グレー

グレージーンズで大人カジュアルに。スモーキーな色合いでまとまった、品のあるワントーンコーデになります。

knit／SCAGLIONE　pants／ZARA　bag／PLST　shoes／STRATEGIA

ベージュは合わない色が多いと思われがちですが、
ハマればおしゃれ上級者に見える色。
上品な大人の女性像をつくることができます。

ベージュ × ブラウン

同系色でまとめる、ファッションのファーストステップ的な色合わせ。さらにトレンドのスカーフを合わせれば、簡単に上級者に見えます。

knit／SCAGLIONE　pants／ZARA　bag／MOREAU PARIS（バーニーズ ニューヨーク カスタマーセンター）　shoes／C'ast Vague　scarf／HERMÈS

ベージュ × ネイビー

中にネイビーのデニムシャツを入れた、トラッドな装い。ベージュが顔色に合わない人でも、ネイビーの襟を挟むことでOKコーデに。

knit／SCAGLIONE　shirt／UNIQLO　pants／UNIQLO（ユニクロ）　bag／L.L.Bean　shoes／La TENACE（エヌディーシージャパン）　stole／INÉD（イネド）

ネイビーの色合わせレシピ

Navy Recipes

ネイビー × 白

ネイビーと白は、コントラストが爽やかな鉄板コーデ。チェックのストールは羽織るだけ、巻くだけで簡単に秋らしさを演出できます。

knit／ISLAND KNIT WORKS　denim／Something JEAN par INÉD（イネド）　bag／Fatima Morocco　shoes／CONVERSE　stole／ZARA

ネイビー × デニム地

上下がブルーの同系色コーデに、白を入れて印象を軽く。トートバッグからスカーフで柄と色を足せば、カジュアルがランクアップします。

knit／ISLAND KNIT WORKS　t-shirt／three dots（スリードッツ青山店）　denim／ZARA　bag／L.L.Bean　shoes／CONVERSE　stole／ISLAND KNIT WORKS

黒よりもやわらかい印象で、手に取りやすいネイビー。
まじめでも、爽やかでも、合わせる色次第で
さまざまな印象を演出することができます。

ネイビー × ベージュ

女性らしいベージュのフレアスカートも、ネイビーと合わせることで甘くなりすぎず、好感度の高い可愛らしさを表現できます。

knit／ISLAND KNIT WORKS　skirt／ZARA　bag／no-brand　shoes／DIANA　stole／無印良品　necklace／RACKETS（ショールーム セッション）

ネイビー × グレー

濃いネイビーと中間色のグレーで、コントラスト弱めの大人っぽいおしゃれさんに。上品な組み合わせなので、パールとも好相性。

knit／ISLAND KNIT WORKS　shirt／UNIQLO　pants／PLST　bag／CHANEL　shoes／La TENACE（エヌディーシージャパン）

どう見られたいのかで
トップスの色を決める

→ 暗

Gray

親しみ

黒と白の間にあり、相手に合わせられるキャパシティを感じさせる色です。初対面の人に、親しみやすさを。

cardigan／UNIQLO（ユニクロ） pants／Something JEAN par INÉD（イネド） bag／no-brand shoes／BARNEYS NEW YORK（バーニーズ ニューヨーク カスタマーセンター）

Navy

信頼感

コーディネートサンプル

落ち着きや信頼感を与えられるネイビーは、仕事のプレゼンやPTAの会議などきちんとした場にぴったり。

cardigan, t-shirt／ともにUNIQLO（ユニクロ） pants／PLST bag／YAHKI（ショールーム セッション） shoes／EMILIO PUCCI stole／Aquascutum WHITE LABEL（レナウンプレスポート）

人の第一印象は、話している内容などより見た目の影響が大きいそうです。
どんなシーンでどう見られたいのか、色の力を活用しましょう。

明 ←

Yellow

元気

太陽やひまわりを思わせる黄色は、元気、活発、楽しさを表現できる色。春夏の季節感演出や、アウトドアシーンにも。

knit, t-shirt／ともにUNIQLO（ユニクロ） denim／ZARA bag／CHANEL shoes／CONVERSE hat／no-brand

White

清潔感

清潔感と明るさを醸し出してくれる白。パーティなどの晴れの場で、爽やかで華やかな印象を与えられます。

knit／UNIQLO（ユニクロ） skirt／ZARA bag／POTIOR（ショールーム セッション） shoes／RUE DE LA POMPE

無理に新たな色を足すより、なじみの色の「似合う」を広げる

「ベージュのニットをボロボロになるまで着たので買い替えたい。次は何色がいいと思いますか?」と聞かれた場合、答えは「次もベージュで!」。ボロボロになるほど活躍したベージュは、これからもその人に必要な色。手持ちの服に合わせやすく、その人を素敵に見せる色です。飽きてしまったなら、デザインを変えて、色はそのままに更新してください。

同じように、服を買うときに「持っていないから、紫」のような選び方をするのはNGです。持っていないということは、それまで使う必要がなかった色ということ。そして持ったところで、なじみがないので便利に使うのは難しい色です。

クローゼットに色を足しさえすればおしゃれに変われるわけではありません。「似合う色はあるけどワンパターンでいやだ」と感じるなら、その色合いの中で濃さに変化をつけたり、素材を薄手や厚手に変えてみたりと、使い方の幅を広げるのもひとつの手です。無理をしてカラフルにする必要はありません。

ダークトーンが好きだけど、ぼんやりした印象

鮮やかな色が不慣れなら、白で明るさを！

黒でまとめれば無難と思われがちですが、白小物なら明るく華やいだ印象に。色に不慣れでも、白なら簡単に抜け感を出すことができます。

knit／UNIQLO　pants／UNIQLO（ユニクロ）　bag／INÉD international（イネド インターナショナル）　shoes／La TENACE（エヌディーシージャパン）　stole／無印良品

ワンパターンのコーデに一枚白シャツが入るだけで、パリッとした印象に。茶系の服が多い人なら、真っ白よりもオフホワイトがなじみます。

knit／UNIQLO　shirt, pants／ともにUNIQLO（ユニクロ）　bag／CHARLS&KEITH　shoes／RÊVE D'UN JOUR

苦手な色は、ひと工夫して全体の印象をＯＫに

残念ながら、好きな色が似合う色とは限りません。いくら青が好きでも、イエローベースの顔周りには黄味がかった色がしっくりくる。とはいえ、まったくその人に青が使えないわけではありません。

顔周りに自分の顔色を明るく見せてくれる「得意色」を配すれば、その下が「苦手色」でも大丈夫。

たとえば「得意」なベージュをトップスにし、「苦手」な黒はボトムスにして顔から離す。「苦手」の青のトップスと顔の間に、「得意」の茶色いストールを挟む。

また、以前は得意だったピンクが年齢とともに「どうかな…？」となってきたという方も小物で楽しむのは簡単。服なら、雑誌やネットで40代50代のピンクの取り入れ方を勉強してみてくださいね。

形を選べば、苦手な色でも素敵に着られる

色が苦手なもののときは、形や素材を得意なものにしてみてください。たとえば、骨格スタイルがナチュラルの私が、苦手な白いトップスを着るときは、体から離れたゆったりとしたシルエットで、ローゲージのざっくりした素材のものを選ぶようにします。服の「色」「形」「素材」のうち、自分の得意な要素がひとつでも多いほうがより似合います。ただ、「形」が苦手なものは骨格スタイルがもろに響くので、アクセサリーなど小物で得意を足して（P96）素敵をつくりましょう。

苦手色でも、得意な着こなしに寄せれば大丈夫。逆に言うと、新しいタイプの服が気になって買おうと思ったときに、ふたつ以上苦手の入ったものは避けたほうが安心ということです。

面積が小さいと色はかわいい

雑誌からコーディネートを選んでいるときに、「この赤のスカートおしゃれだな」と思ったとします。でもスカートは面積が大きい分印象が強すぎて、自分が履きこなせるかどうかハードルが高い。そんなとき、普段の自分の服装は変えず、バッグや靴などで赤を取り入れてみてください。強い色は小さくても十分な存在感を放ち、ポイントが絞られてかえって映えます。インテリアの世界でも、さし色は5％程度が効くと言われています。

強い色に限らず、くすんだニュアンスカラーが苦手だけど取り入れてみたいという場合でも、小物で持てばとてもおしゃれ。ネイビーのワンピースにくすんだ紫のバッグなんて、想像してみるだけで素敵ですね。

「着られないけど素敵だな」という色こそ、バッグや靴、ストールなどの小物で取り入れてください。手に持てばコーディネートの一員になる、ポーチや携帯カバーで色を楽しむのもいいですね。私の場合、きれいな赤は指先のネイルでの取り入れ方が一番好きです。

Yellow

Red

きれい目カジュアルの中に、真っ黄色のポシェットでエスプリを効かせて。小さい面積だからこそ、大人の余裕と遊びを演出できます。

trench coat／BARNEYS NEW YORK　parka／無印良品　shirt／UNIQLO　pants／Peserico　bag／CHARLES&KEITH　shoes／CONVERSE

シンプルなボーダー＋デニムのコーデに、真っ赤なパンプスが入るだけでパリジェンヌ風に。ベーシックにこそさし色が映えます。

cutsew／UNIQLO　denim／ZARA　bag／Fatima morocco　shoes／Repetto（ルック ブティック事業部）　stole／ZARA

Column

実は「黒」は、難しい色です

黒が好きな方はもちろんいますが、そうではなくて「黒でまとめておけば痩せて見えるだろう」「無難におしゃれだろう」と勘違いされている方が多いのも事実。

黒は締まって見えると思われがちですが、人は他人の体型をラインでとらえているので、すべての面が濃い黒は、使い方によっては実際よりも膨張した印象を与えることも。

黒いチュニックに黒いレギンスを合わせてしまうと、コントラストがないために着ぶくれしてしまいます。実はほかに似合う色があるのに、真っ黒な影のようになってしまうのはもったいないと感じます。

若いときは上下黒でも肌が映えますが、年を重ねて同じように黒づくめでは老けて見えたりクマが目立ったりという危険もあります。黒を疑い、「黒さえ着ておけば大丈夫」を払しょくしてください。黒の力だけでスレンダーに見せるのは、実は難しいのです。

上下の片方が黒なら、片方はベージュにしたり、ゴールドを合わせたりと、抜け感をつくるとスッキリスタイルアップし、肌を美しく見せてくれます。自分を素敵に見せる色、明るい色と組み合わせて、大人の黒の素敵な装いを。年相応の華やぎを表現しましょう。

シンプル服＋小物でTPOに対応！

6.

普段アクセサリーをつけない人が意外と多いなと感じています。つけていても、小さくてよく見えないものだったり……。若いときはそれでもいいのですが、大人になって肌質が変わると、華やかさの不足を小物で補う必要が出てきます。年を経るごとに、小物の力は重要になってきます。

自分が見せたいイメージでアクセサリーも選ぶ

少ない服でさまざまなコーディネートをするには、シンプルな服が一番。そこにアクセサリーをプラスすれば、表情豊かにアレンジを楽しむことができます。料理でたとえるなら、パスタに和風テイストやトマト系など、選んで「味付け」をするイメージ。

ＴＰＯに合わせてアクセサリーを用意しておけば、服装は変えないままで、なりたい姿のコーディネートが完成します。Ｔシャツとデニムのようなシンプルで少年のようなスタイルでも、手元にアクセサリーをつけることでグッと女性らしい装いに。

たとえば、「公園で子どもと遊ぶときのカジュアルなアクセ」「仕事先の人とレストランに行くときのきれいめアクセ」「友だちと飲むときのマニッシュなアクセ」等々。同じシンプルコーデでも、身に着けるアクセサリーで表情をガラッと変えることができます。

子どもがいても、ゴムやビーズ製などつけやすいものはたくさんあります。プチプラのアクセからでも、つける習慣を持ってみてください。

Casual

カジュアル

ターコイズやシルバーはカジュアルを代表するアクセサリー。天然石、木、革などの天然素材は全般的にラフでカジュアルな表情に見せてくれます。エスニックデザインのものもおすすめ。

Elegant

きれいめ

シンプルなパールやゴールドなど、華奢なデザイン、キラッとした華やかさを持つ上質感のあるアクセサリーは、きれいめなファッションをつくります。

Handsome

ハンサム

太めのバングルやスタッズのついたアクセサリー、ビジューデザイン、サングラスなど、マニッシュでエッジの効いたものをつけこなせるとハンサムな表情に。

そのアクセサリー、小さすぎませんか？

20代の頃から長年持ち続けているアクセサリーが、華奢で小さめということはありませんか？　若いときにはそれで十分ですが、加齢に伴い肌が変わってくると、その小ささでは衰えた分の輝きを補うことができません。逆に、歳を重ねいい大人になることで、大ぶりで華やかなアクセサリーが似合うようになってきます。

そもそもアクセサリーを選ぶときに、手のひらに乗せて見たり、つけた感じを小さな鏡で顔周りだけ確認するのはキケン。近くで見れば、小さいほうが可愛らしく見えるし、大きいと「派手」「無理」と思えてしまいます。けれど小さすぎては遠くから見えない。せっかくつけているのに、何もつけていないのと同然になってしまいます。

アクセサリーを買うときは、必ずつけて全身の映る鏡で見てみましょう。おしゃれは全身の印象で決まります。引いて見たときにちゃんと存在感があって、シンプルな装いに意味のある味付けをしてくれているか。離れて見たときにも自分を素敵にしてくれているかを確認しましょう。

\ Good /

ピアス

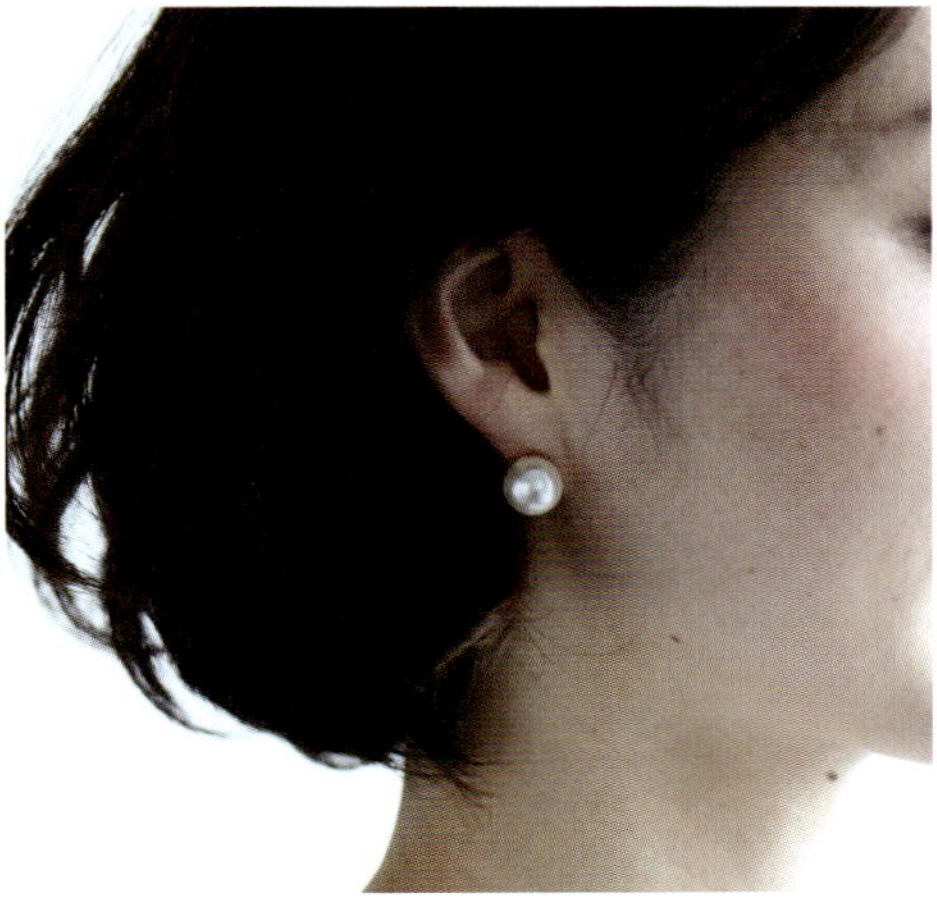

パッと見て華やかさが伝わる大きさのものを。顔周りに輝きをもたらし、大人の装いになります。

\ ちょっとさみしい…… /

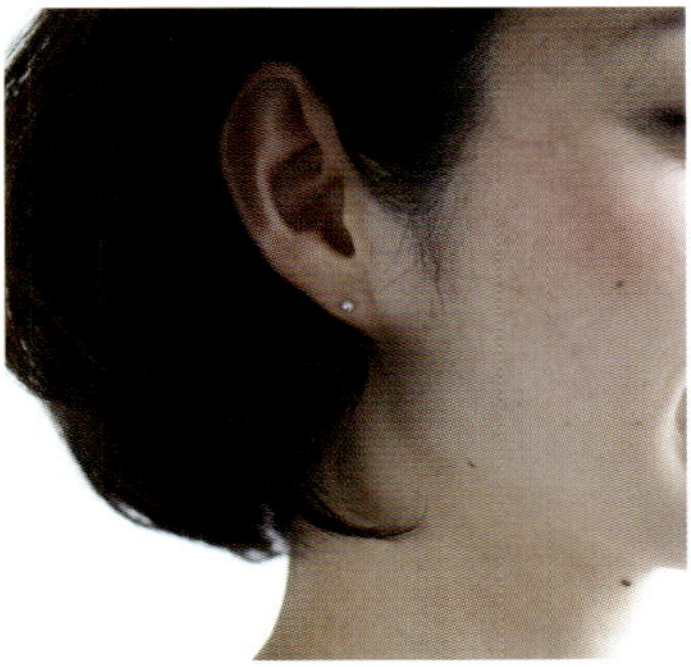

近くで見ないと、ついていることがわかりません。

ネックレス

/ Good \

大ぶりなアクセサリーは視線を集め、「シンプル服をエレガントに」という味付けを成功させることができます。

\ よく見えない…… /

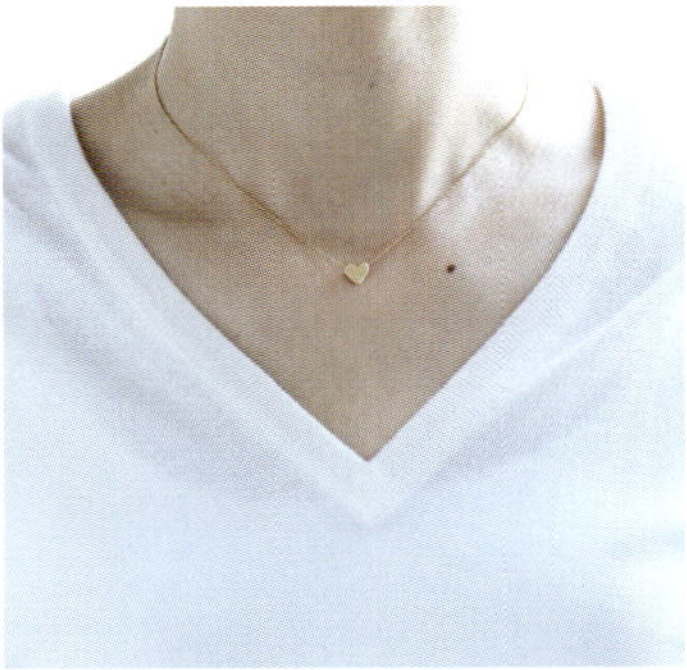

肌になじんでしまい、シンプル服を味付けするほどの存在感がありません。

1 歳年を重ねたら、ひとつ何かを足そう

誰だって平等に歳を取ります。そのときに、「あーあ、歳取っちゃった」とあきらめるのか、前向きにその年齢なりのきれいをつくろうと心がけるのかが大きな分かれ道。一切をあきらめるのではなく、かといってビックリするような派手柄に転ぶのでもなく、輝きが失せた分を「チークで足してみよう」「ネイルをつけてみよう」「アクセサリーを買ってみよう」と、楽しく色・ツヤ感をプラスする。このひと工夫で、シンプルな服がいつまでも似合う女性でいられるのだと思います。

「年を取る」のはマイナスイメージを持たれがちですが、若いときとは違う大人のファッションに手を出せるということです。憧れていたスカーフやアクセサリーが「やっと似合うようになったんだな」と、今だからこそつけられる小物を楽しんでみてください。

パリを訪れると、おばあちゃんが黄色やピンクのスカーフやネイルを楽しんでいる姿を見かけます。若い人がTシャツとデニムでカフェに行くなら、年を重ねた人はきれいな色をまとっていいレストランへ。そんな風に過ごし方やおしゃれの姿勢がきっぱり分かれているのが印象的でした。

6

Add Accessories

記念日に素敵なアクセサリーを

なんでもない日にいいアクセサリーを買う機会はなかなかないので、誕生日や記念日、旅先で憧れのアクセサリーを購入するようにしています。

　この習慣のきっかけとなったのは、両親が成人のお祝いに贈ってくれたエルメス。当時パリに住んでいた両親が、本店で好きなものを選びなさいと言ってくれたのです。そのときのブレスレットと指輪は今でも宝物。親の愛情を感じながら、大切な思い出と一緒に身につけられる思い出深いプレゼントでした。

　それから、記念に持つのは「身につけて長く愛せる」アクセサリーがいいなと思うように。

　今、楽しんでいるのは、誕生日に買ったティファニーのブレスレットに、旅行に行くたびチャームをプラスしていくこと。旅好きなので、また行けるようにと選んだ飛行機のチャームは、プロペラが実際に回るという精巧さ！　旅の思い出と一緒に、おばあちゃんになってもつけていたい、そしていずれは娘に引き継ぎたい大切なアクセサリーです。

1.バーニーズニューヨークのアクセはセレクトが素敵。誕生日に、コラリアリーツのピアスを。2.両親からの成人祝い。3.結婚したとき義父が買ってくれた時計。4.ティファニーのチャームブレス。

40代でつけたい 憧れアクセサリーを探す

アクセサリーは1年中、そして何年、何十年も使えるもの。少し値が張ったとしても、長い目で見ればヘタな服を買うよりずっとおしゃれに貢献してくれて、コスパもよかったりします。

自分にとっていいアクセサリーを手にするには、実際にさまざまなお店で見て、自分の理想を持っておくことが大切。そして40代半ばで実際に持っている自分をイメージをして、それを目指して貯蓄もファッションも近づけていく。

エレガントを目指すなら、パールやビジュー系を、カジュアルを目指すなら、ターコイズ系というように、アンテナを張っておくと、素敵なアクセサリーとの出会いも逃しません！

お問い合わせの多いアクセサリーのQ&A

Q

手元のレイヤードの
つくり方がわかりません

A

似たテイストのブレスを重ねれば間違いありません。

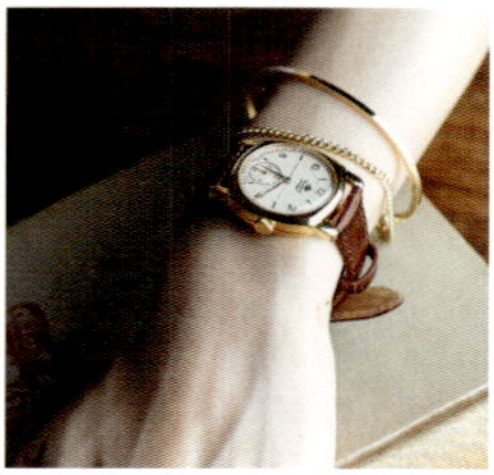

セットのものを買う

2連セットになっているものなら、迷わず早くコーディネートできるのでおすすめ。

bangle／JUICY ROCK Original（ジューシーロック）

テイストを寄せる

カジュアルなもの同士、シルバー同士など、似たテイストのものを重ねれば大丈夫。同じ店の似たテイストなら間違いありません。

bracelet／ともにJUICY ROCK Original（ジューシーロック）

Q

Vネックニットに合う
ネックレスは？

A

Vのラインにかからないものを選びましょう。

Vネックの
外に出す場合

シンプルニットには、大きめで長めのネックレスが華やかに映ります。Vに対してネックレスのラインがUの字であっても大丈夫。

necklace／RACKETS（ショールーム セッション）

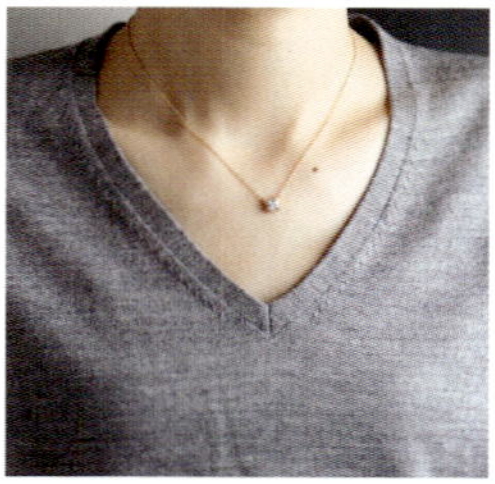

Vネックの
中に収める場合

つけていることがきちんとわかるように、ある程度輝きのある大きめの1粒や、2粒・3粒のものがおすすめです。

necklace／JUICY ROCK Original（ジューシーロック）

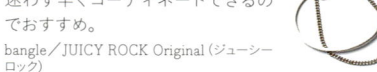

Q
似合うパールの見つけ方は？

A
タイプごとに、似合う形状や粒の大きさがあります。

ストレート type
小さい粒では美しいデコルテに負けてしまうので、8mm以上の粒で。みぞおちにかかるくらいの長さがあるとベターです。
pearl necklace／no-brand

ウェーブ type
デコルテ周りに華やぎを与えるため、8mm以下のさまざまな大きさの粒で何連か重なっていて長さが短めのもの。
pearl necklace／no-brand

ナチュラル type
8mm以上の大粒の淡水パール、バロックパールなど、少しいびつな形が連なったもので、みぞおちを越える長さでボリューム感を出して。
pearl necklace／no-brand

Q
似合うピアスの見つけ方は？

A
大きさや材質など、骨格スタイル別に参考にしてみてください。

ストレート type
フープも服と同じように、直線的でツルッとしたスタンダードなものがお似合い。全身鏡で見てフープの存在感のあるもので。
pierce／JUICY ROCK Original（ジューシーロック）

ウェーブ type
シンプルすぎるとさみしい印象になってしまうので、小さい華奢なラインのフープにカットビーズなどの小さなキラキラが揺れる感じのデザイン。
pierce／no-brand

ナチュラル type
大きくボリュームのあるフープで、叩いたゴールドなどマットな質感のものがお似合い。服と同じように、遊びが感じられるものを。
pierce／no-brand

Column

愛用のケア用品

香りが好きなのですが、自然な感じが好みなので香水はつけません。その代わり、ケア用品はどれもよい香りのするものばかり。ケアをしながら、香りも楽しんで癒やされています。

そして根がズボラな私は、色々なケアが兼ねられるものであれば尚うれしい。アロマの香りのオーガニックバームは肌も唇もケアができるもの。kaiのフレグランスボディグロー（オイル）は肌の乾燥を防ぎながら、肌に艶と輝きを出してくれるもの。

おしゃれをするには、服や小物を身に着けるベースである自分の体をできる範囲で美しくしておくのも大切なこと。「ケア」「身支度」「リラックス」が一緒にできるグッズが理想で、これらをラクに日常の中に取り入れています。

左から、「CLIMB ON!」のリップクリーム、お花の香りのオイル「kai body glow」、「CLIMB ON!」のクライミング用ハンドクリーム、「yes」のアロマオーガニックバーム。

「仕上げ」をマスターする

7.

シンプルな服を素敵に着るには、「さらによく」見せるためのちょっとした仕上げが大切になってきます。料理の盛り付けのように、最後の仕上げで同じシャツがよくも悪くも見える。ポイントさえ押さえておけば、スタイルアップは簡単です。

シンプルな服をただ着たら、
なんだか垢抜けない……
という経験はありませんか？
味付けのないスタンダードなアイテムを、
「どう着るか」が素敵の境界線。
仕上げの力で、7割増しにもなるのです。

7
Master the Finishing

さらっと着ているように見えるけど、実はひと工夫がいっぱい

ヘア＆メイク
☞ P122〜123

襟の立て方
☞ P115

袖のまくり方
☞ P114

スカーフ使い
☞ P120

ブラウジング
☞ P116

ロールアップ
☞ P112

パンツ・靴別ロールアップの仕方

Roll up Jeans

デニムの質感によって折り方を変える

ラフなデニムのとき

ストレッチ素材であったり、色落ち感があったり、ラフで細身のデニムはひねりを入れて細くロールアップ。

きちんとデニムのとき

ノンウォッシュのインディゴジーンズ、ストレートなどメンズライクなデニムは太めに折るとかわいい。ワイドなものは折らなくても大丈夫。

How to

裾から1cm幅でねじりを入れて3回くらい巻く。くるぶしを見せると女性らしく、フラットシューズとの相性もいい。

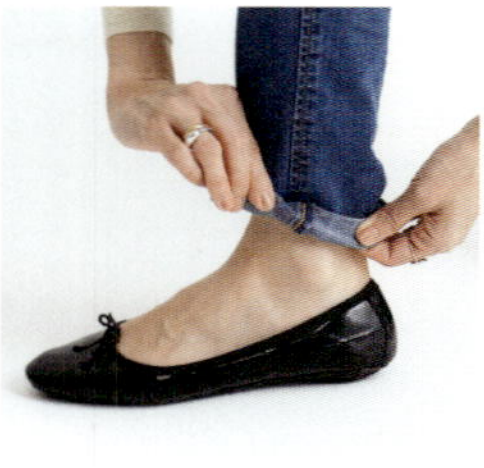

How to

3cm幅で2回、平たくまっすぐに折る。カッチリとした質感を活かして。

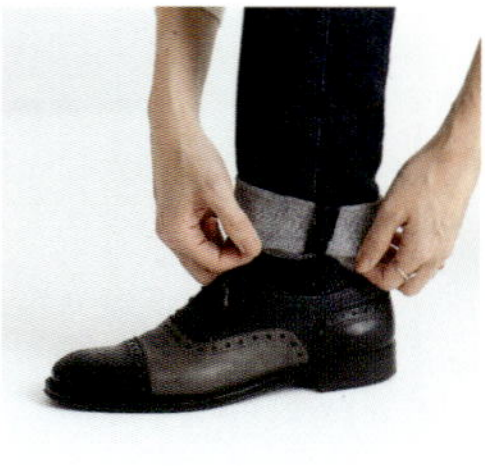

ヒールのありなしで折り方を変える

スニーカーのとき

ちらりと靴下が見える程度にロールアップ。靴下のリブを少しだけ出すことが、おしゃれ感につながる。

ヒールのとき

足の甲が見えると、足が長くスタイルよく見えるので、足首が見えるくらいまで多めにロールアップしましょう。

NG

スニーカーギリギリまで裾をおろしていると、重い印象であかぬけない。

NG

流行によってこれがOKスタイルなときもありますが、背が小さくてバランスを取りにくい人はロールアップしたほうがスタイルアップ。

トップス別袖のまくり方
Turn up Cuffs

ニット

手首を出すとこなれ感がでます。下に着たTシャツを見せて、全体のコーディネートにメリハリを。

シャツ

一度大きめに折って、それを半分に折って何度か巻き、最後に肘下までクッと上げるとシワ感が出ます。細かく折ることで落ちにくくなります。

ウールコート

手の甲が隠れるまで袖が長いと、「コートに着られてる」感が。長い場合は内側に1回織り込むとバランスがよくなります。

トレンチコート

少し上げて手首が見えるとラフでカッコイイ着こなしに。落ちてきやすいので袖口を1回折るもよし、ヘアゴムを挟むもよし。

NG

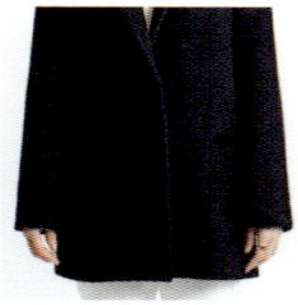

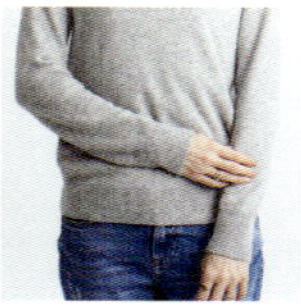

素敵に見えるシャツの襟の立て方
Put up a Neckband

襟の後ろを立てる

たとえばボトムスがカジュアルなデニムなのに、トップスがカッチリとした白シャツだとしたら、お行儀良く少しアンバランス。後ろ襟を立てて少し折り返し、着崩してみましょう。

ボタンを開ける

インナーのタンクトップが見えるくらいボタンを開けて、デコルテを見せてラフな着こなしに。ネックレスも映えて、こなれた印象になります。

ビッグシャツの場合…

襟を後ろに引っ張って、和服のように抜き襟をします。すそは前部分を軽くボトムスにインして、おしり側は内側に軽く折ってふんわりさせます。袖をまくって軽やかに。

おしゃれなブラウジングの仕方

Blousing

ブラウジングの基本

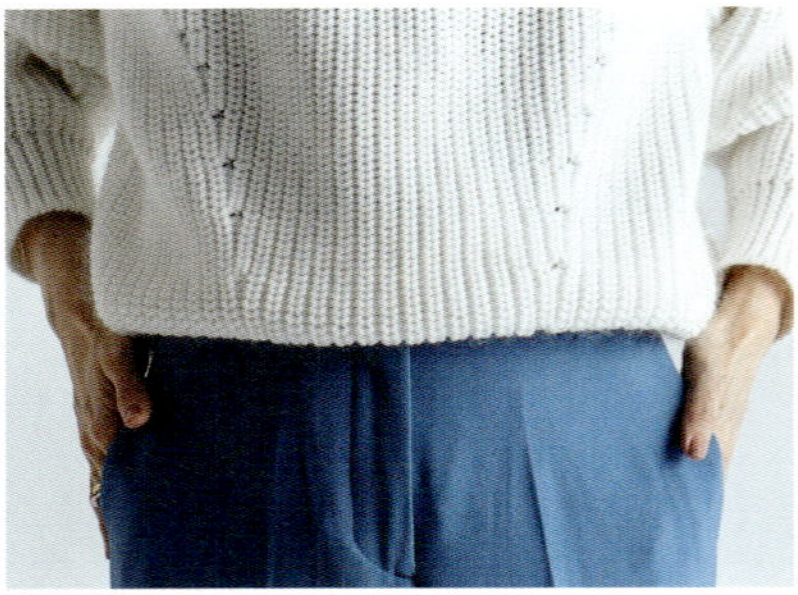

ベルトループが隠れるくらい

ビッグシルエットなどボリュームのあるトップスなら、ゆったり目に出してもバランスが取れます。ベルトループが隠れるくらいまで出して整える。

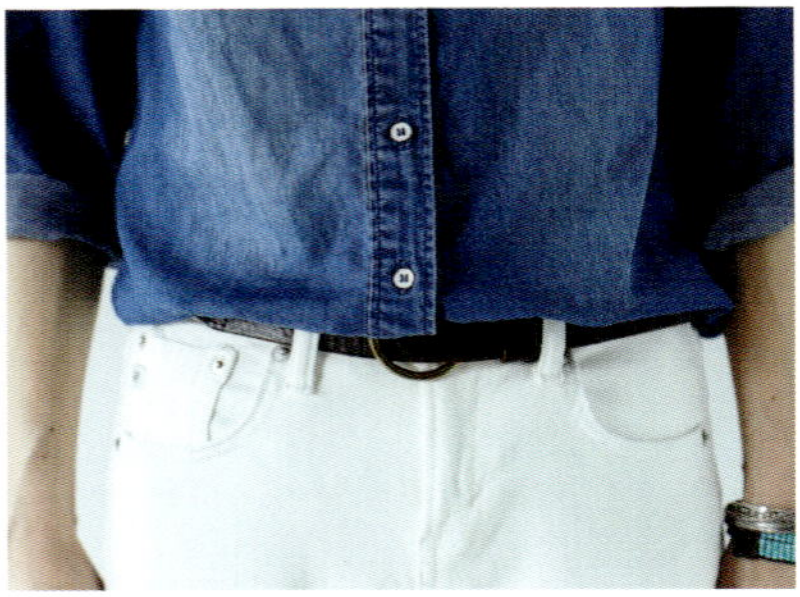

ベルトループにかかるくらい

裾をきれいに入れて、手前から少しずつ均等に引き出します。ベルトループに少しかかるくらいまで。

しない

ボトムスがスッキリとして長さもあるので、トップスの長さを出してもバランスよし。

する

ボリュームのあるボトムのときは、上もボリュームを出してしまうと体全体が膨張して見えます。上は入れてスッキリと。

しない

スッキリとしたラインのパンツ、もしくはフルレングスのデニムなどはトップスの裾を出してもバランスが取れます。

する

ひざ丈スカートにはウエスト位置を上げてスタイルアップ。おしりが気になる人は前だけ入れて後ろは出してもＯＫ。

シャツ＋マキシワンピのブラウジング
Blousing + Maxi Dress

How to

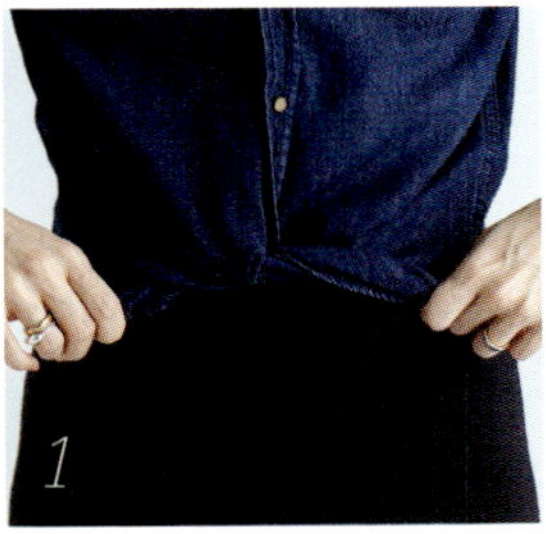

シャツのボタンを下から2つ外し、裾を2回かた結びします。

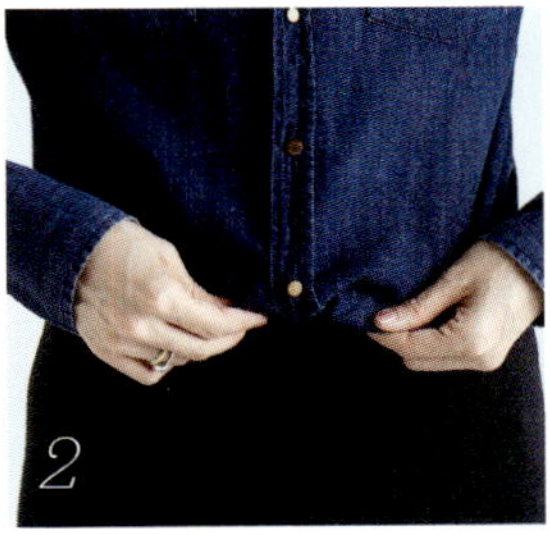

結び目を内側に入れ込んで、トップスをよりコンパクトに。

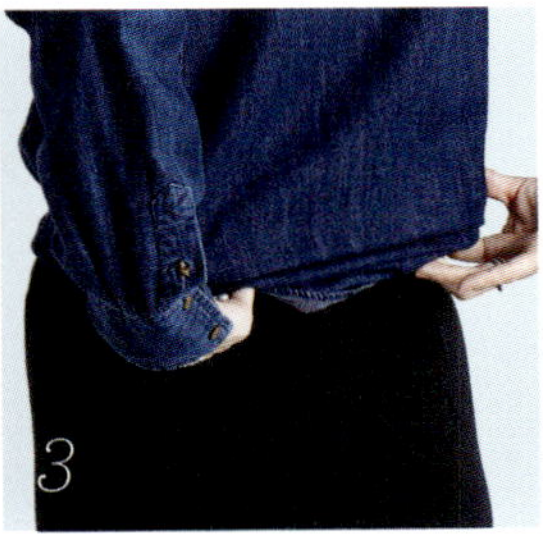

シャツのうしろ側も忘れずに、内側に折り込みます。

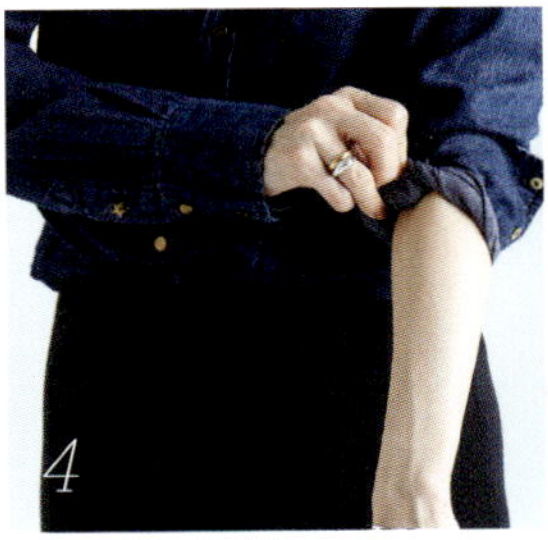

袖口を小さく巻き上げ、ボタンは3つくらい開けてスッキリVの字に。

シャツが長いとイマイチ…

カーディガン＋ロングスカートのブラウジング
Blousing + Long Skirt

NG

重めのボトムスに長めのカーディガンは胴長に見えてしまいます。

OK

カーディガンの下のリブ部分を内側に折るだけで、トップスがコンパクトになりバランスが取れます。

ストールの巻き方4選

Stole 4 Patterns

アフガン巻き

カジュアルな演出ができるアフガン巻きは、男性にも人気です。正方形がベストですが、長方形のストールでも大丈夫。

ストールを三角になるよう半分に折ります。山の頭はずれるように。

両端を首の後ろで結びます。

全体に空気を入れ、形を整えたら完成。

ミラノ巻き

トップスにほどよいボリューム感と立体感を出すことのできる、おしゃれ度の高い巻き方です。一度覚えれば簡単で、Tシャツにもジャケットにも合わせられます。

左に残したい長さをとり、首に1周ぐるりと巻きつけます。

左の内側に垂れた部分を右手で持ち上げ、できた輪から左手を入れます。

左手で右に垂れた部分をつかみ、輪から全部引っ張り出します。結び目全体をふわっと整えると完成。

コートの中のストールづかい

コートは暗い色、落ち着いた色合いのものが多いので、明るい色を首元に。首周りが華やかになるだけでなく、暖かさもプラスできます。

1 ストールを首に1周させたら、コートを羽織ります。

2 2周目をふわっと巻いて、首周りにボリュームを出します。

3 コートのボタンをひとつ開けると、きれい色がより目立ちます。

アクセサリー巻き

胸元のアクセサリーを隠してしまうことなく、活かせるストールづかいです。

1 スカーフを広げて半分にし、なるべく細く折る。端は内側に入れこむ。

2 左に残したい長さをとって、ひねりながら首を一周させます。

3 ネックレスが見えるようにゆったり巻き、垂れた部分は2本とも輪の下に入れこむ。

スカーフの巻き方4選

Scarf 4 Patterns

三角ドレープ巻き

「コンパクトアフガン」とも言える、カジュアルで普段にスカーフを取り入れやすい巻き方です。コートの襟もとにもおすすめ。

三角に折って、山が前になるように当てます。

端を首の後ろで交差させて、前に1周させます。

前で2度結んで、コンパクトにまとめる。

かた結び

スカーフのふちの色がきれいに出る華やかな巻き方。先に、中心に向けて上下の角を折り、さらに3回巻き込むように折るバイアス折りをします。

バイアス折りにしたスカーフを均等に首にかけます。

1回結んで。

2回目を軽めに結んで、柄がきれいに出るように調整します。

かごバッグのアクセントに

バンダナスカーフなどを用いて、かごバッグに柄を取り入れてみましょう。シンプルなコーディネートに映える、可愛いアクセントになります。

三角に畳んで細長く折り、バッグの持ち手の片方にかた結びします。

くるくる巻きながらもう片方の根元に向かいます。

もう片方も結んで、固定できたら完成。

ライニング

ジャケットの襟もとに挟むだけでグッと華やかに。スカーフの柄によって、ジャケットスタイルの印象をさまざまに変えられます。

まず広げて三角に折り、山を下に折り返します。

2回ほど折り畳んで細くします。

肩にかけるだけで完成。ジャケットの開け口に合わせます。

ヘアスタイルはおしゃれの大きな要

どんなにコーディネートを素敵にしても、髪がボサボサでは台無しです。髪の毛は、トータルの印象の決め手となる重要なポイント。

私はくせっ毛で不器用なので、パーマをかけて簡単にセットができるようにしました。コテを使いふわっと、オイルを使ってツヤ感も出します。髪色は、得意色のベージュになじむブラウンに。地毛は真っ黒なのですが、子育てもひと段落したので定期的なカラーリングを心掛けています。

ヘアスタイルもまた、服と同じように自分のなりたいイメージを意識してみてください。たとえばキリッとした黒髪のストレートと、ふんわりしたブラウン系パーマなら、見る人に与える印象が違いますよね。

毎朝の5分アレンジ

前の晩、お風呂上がりにしっかりドライヤーで乾かして寝癖をつけない。

コテで全体を大きく内側に巻きます。

表面を細かくつまんで、左右4カ所ずつ計8カ所をクルクル小さく巻きます。

ワックスをクシュクシュッともみこんで、ボリューム感を出します。

大人になったら、シンプル服をメイクで素敵に

若いときは「普段はノーメイク」でも大丈夫。けれど35歳を過ぎたら、スッピンで素敵に見える服はなくなってきます。

私も元々はメイクが苦手でした。けれど年を経て、ノーメイクでは何を着ても似合わないことに気づきました。色味がないシンプル服は特に、唇や頬に色を乗せないと素敵な着こなしに仕上がりません。

何もいつも派手に100％の化粧を、ということではありません。そして特別な日だけを100にして、普段を0にすることもない。普段でもできる範囲の、眉毛とチークだけの50％のメイクでも、見た目の印象は全然違うのです。

何の変哲もない今日をいい日にするため。一日一日を大切に過ごすため、ちょっとしたおしゃれを積み重ねてみませんか？

おわりに

最後まで読んでいただき、ありがとうございます。ご自身にとって最強のクローゼットのイメージが湧きましたでしょうか？

私はお客様のスタイリング、クローゼットの整理整頓の際、「明日ワクワクしながら着替えられますように」「その方の人生がより自分らしく輝きますように」という願いを込めて、お手伝いさせていただいています。女性が自分に似合うファッションを着たときの「素敵！　こんな私になりたかったんです！」とパッと表情が明るくなる瞬間が大好き。花がふわっと開花する瞬間に立ち会えたような、美しく華やぐ瞬間です。自分らしい服を着て、笑顔の女性は本当に素敵です！　その雰囲気は、周りにいる人もよい気分にさせ、笑顔も広がります。そんな連鎖の力があるからこそ、「何を着るか」を大切にして欲しいのです。

いつからでもおしゃれは始められます！

この本が、あなたの人生を輝かせてくれるクローゼットづくりのきっかけとなればとてもうれしいです。

最後に、出版に関わってくださった皆様、本当にありがとうございました。